Philipp ter Haar | Dr. Carsten Lutz |
Dr. Matthias Wiedenfels

Prädikatsexamen

**Der selbstständige Weg
zum erfolgreichen Examen**

2. Auflage

 Nomos

Die Deutsche Nationalbibliothek verzeichnet diese Publikation in
der Deutschen Nationalbibliografie; detaillierte bibliografische
Daten sind im Internet über http://www.d-nb.de abrufbar.

ISBN 978-3-8329-2755-4

2. Auflage 2007
© Nomos Verlagsgesellschaft, Baden-Baden 2007. Printed in Germany. Alle Rechte,
auch die des Nachdrucks von Auszügen, der photomechanischen Wiedergabe und
der Übersetzung, vorbehalten. Gedruckt auf alterungsbeständigem Papier.

Vorwort zur 2. Auflage

Dieses Werk liegt nunmehr in der zweiten Auflage vor. Der Grund für die Neuerscheinung liegt auf der Hand: Kein juristischer Ratgeber, der ernst genommen werden will, kann die Veränderungen in Lern- und Stoffplänen, in Prüfungsordnungen und nicht zuletzt in einem gewandelten Ausbildungsbewusstsein an den Universitäten – nicht nur den (echten oder vermeintlichen) »Eliteuniversitäten« – auf Dauer ignorieren.

Einzuarbeiten war unter anderem der Einfluss der neuen Schwerpunktbereiche sowohl auf die Stofffülle als auch auf die individuelle und gemeinsame AG-und Lern-Planung. Darüber hinaus hat dieses Buch umfangreiche Aktualisierungen im Bereich der Statistiken, Literaturempfehlungen und Lernpläne erfahren.

Außerdem haben wir den ständigen Dialog mit unseren Lesern und anderen Wohlmeinenden, die dankenswerter Weise den Austausch mit uns gesucht haben, dazu genutzt, die Vielzahl nützlicher Anmerkungen und Verbesserungsvorschläge umzusetzen. Dies betrifft redaktionelle Änderungen, aber auch Anregungen im Bereich der Methodik und sonstiges hilfreiches Feedback aus einer Fülle von selbst organisierten AGs. Nicht zuletzt darin liegt der Grund, warum es auch wieder großen Spaß gemacht hat, noch einmal Zeit und Mühe zu investieren und diese Arbeitshilfe zu überarbeiten und neu aufzulegen. Wenn man, wie wir, trotz beruflicher Verpflichtungen weiterhin den Kontakt zu Studierenden halten und »am Ball bleiben« möchte, sind wir auf kritische Leser angewiesen. Auch dankbare Leser tun gut. Das überwältigende Feedback nicht nur solcher Leser, denen unser Buch gefallen hat, sondern vor allem denen es nach eigenem Bekunden eine echte Hife war, ist unsere erneute Motivation geschuldet, das Buch auf einem aktuellen Stand zu halten.

Bitte nutzen Sie es daher als aktuellen Ratgeber und echte Hilfestellung. Machen Sie regen Gebrauch von den Tipps und Anregungen; sie haben sich vielfach bewährt. Reihen Sie sich ein in die Vielzahl der erfolgreichen Absolventen, die den selbständigen Weg zum Prädikatsexamen mit Hilfe unseres Buches zu Ende gegangen sind. Das Buch befindet sich auf dem Stand April 2007. Die Ausbildungsreformen mit den Veränderungen der Ersten und Zweiten juristischen Staatsprüfung (insbesondere in Bezug auf das Universitätsstudium – Schwerpunktbereich) sind eingearbeitet.

Unser elektronischer Briefkasten projekt_praedikatsexamen@web.de wird weiterhin täglich geleert.

Hamburg/Heidelberg/Frankfurt a.M. im April 2007

Philipp ter Haar   Dr. Carsten Lutz   Dr. Matthias Wiedenfels

Aus dem Vorwort der 1. Auflage

Dieses Buch ist die Weiterentwicklung eines über viele Jahre angewandten und immer weiter verbesserten überarbeiteten Konzepts und das Ergebnis eines sehr erfolgreichen Projekts. Das Projekt lautet »Examensvorbereitung«; sein Konzept heißt ebenso schlicht wie anspruchsvoll »die richtige Vorbereitung« und ist in dreifacher Hinsicht erfolgreich: Die Autoren haben es im Selbstversuch unter echten Bedingungen getestet und in Publikationen und Workshops an Studenten und Fachschaften zahlreicher Universitäten im ganzen Bundesgebiet – von Kiel bis Tübingen, von Frankfurt/Oder bis Köln – weitergegeben. Durch diese Vervielfältigung und den Dialog mit Hunderten von Studenten der Rechtswissenschaften haben wir das Konzept auf eine breitere Basis gestellt und sozusagen im Feldversuch noch einmal getestet. Das Ergebnis hat uns weiter Mut gemacht. Das Feedback der Teilnehmer unserer Workshops war jedes Mal überwältigend und der persönliche Erfolg vieler Teilnehmer (so wir denn davon erfuhren) eine weitere Bestätigung.

Und jetzt, nach einer gewissen Zeit der Berufstätigkeit, erfahren wir aufs Neue: Ob als Teamplayer in einer großen Anwaltskanzlei, als Projektleiter und Ausbilder in einer Unternehmensberatung und erst recht in der Studentenausbildung als Dozenten und Repetitoren können wir uns täglich auf eine angewandte Methodik und auf Soft Skills verlassen, die uns schon vor Jahren sicher durch zwei Staatsexamina gebracht haben und ein festes Fundament für die weitere berufliche (und auch persönliche) Fortbildung darstellen.

Haben wir Sie neugierig gemacht? Dann begleiten Sie uns (und wir Sie!) bei der erfolgreichen Projektarbeit »Staatsexamen«. Wir richten uns aber nicht ausschließlich an Examenskandidaten. Wie Sie lernen und in welcher Form Sie lernen ist eine Frage, die Sie ab dem ersten Semester begleitet. Wenn Sie sich also auf die Zwischenprüfung vorbereiten wollen, auf die großen Scheine oder auch auf das Zweite Staatsexamen, sind Sie bei uns richtig aufgehoben.

Wir möchten den in unseren Workshops begonnenen Dialog mit Ihnen weiterführen. Für Kritik und Hinweise schreiben Sie bitte an:

projekt_praedikats examen@web.de

Bonn/Mannheim/Wiesbaden im Januar 2004

Philipp ter Haar   Dr. Carsten Lutz   Dr. Matthias Wiedenfels

Inhaltsverzeichnis

Kapitel 1:   Das Projekt der erfolgreichen Examensvorbereitung

1.1 Auf dem Weg zu einer selbstbestimmten Examensvorbereitung

Die meisten von Ihnen werden zu diesem Buch gegriffen haben, weil Sie **1** demnächst die Vorbereitung auf das Erste (oder Zweite) juristische Staatsexamen beginnen möchten. Schon rein statistisch werden sie zu den Studenten zählen, die sich ein Examen ohne Repetitor zur Vorbereitung schwer vorstellen können. Fast 90 Prozent der Jurastudenten wählen den Weg zum privaten Repetitor, der die Sicherheit suggeriert, alle Chancen für ein erfolgreiches Examen offen zu halten. Unser erstes Ziel ist es, Sie auf diesem Herdentrieb zum Repetitor einen Augenblick zum

Nachdenken zu bringen und sich die Frage zu stellen, welche Wege es zu einer **selbstbestimmten** Examensvorbereitung gibt. An dieser Stelle möchten wir Ihre Einstellung bezüglich der Examensvorbereitung verändern. Die häufigste Frage, die Ihnen zu dieser Zeit von Kommilitonen gestellt wird, wird lauten, zu **welchem** Repetitorium Sie gehen, und nicht, **welchen Weg** der Examensvorbereitung sie wählen möchten. Wohlgemerkt: Das Interesse einen Repetitor aufzusuchen ist legitim; die Reihenfolge Ihrer Überlegungen zur Examensvorbereitung jedoch zumeist unsinnig. Bevor Sie sich mit dem Weg auseinandersetzen, der Sie Ihrem großen Ziel näher bringen soll, sollten Sie sich Gedanken über den Ausgangspunkt Ihrer Reise machen. Wie Sie selbst irgendwann feststellen werden (hoffentlich nicht erst, wenn Sie sich schon nicht mehr umzukehren trauen), bedarf es für ein derart großes und schwieriges Projekt wie das erfolgreiche Abschneiden im Staatsexamen eines Gesamtplans, eines großen Rahmens. Dies gilt um so mehr, als der erheblich aufgewertete Schwerpunktbereich Sie wesentlich früher dazu zwingt, sich mit diesem Projekt und v.a. dessen Zeitplan auseinander zu setzen.

Ändern Sie Ihre Einstellung zur Examensvorbereitung! Ihre Frage muss lauten: »Welche Art der Examensvorbereitung wähle ich?«, nicht: »Zu welchem Repetitor gehe ich?«

Diesen Rahmen können und müssen Sie selbst definieren. Nichts ist eines Studenten unwürdiger, als sich ohne eigene Reflektion auf einen Rahmen zu verlassen, der »immer schon da war« oder der »xy auch schon gut geholfen hat«. Dieses Buch soll Ihnen helfen, aktiv zu werden. Denn aktiv werden müssen Sie nun ohnehin bald. Fangen Sie gleich damit an: Halten Sie einen Moment inne und überlegen Sie sich, ernsthaft und gesondert auf einem Stück Papier, welche Möglichkeiten Ihnen zur Verfügung stehen, sich auf das Staatsexamen vorzubereiten. Schreiben Sie alles nieder, was Ihnen in diesem Zusammenhang einfällt und bewahren Sie den Zettel auf: Vieles davon wird Ihnen im Laufe dieses Handbuchs wieder begegnen.

Haben Sie sich einmal gefragt, wieso Jura eines der wenigen Fächer ist, in denen kommerzielle Examensvorbereitungskurse existieren? Das kann nicht nur an den (angeblich) schlechten Vorlesungen liegen. Wieso brauchen z.B. Mediziner mit mehreren schwierigen Staatsexamina keinen Repetitor, sondern bereiten sich mit gutem Lernmaterial i.d.R. alleine oder in Lerngruppen auf die Prüfungen vor? Wieso braucht ein Theologe oder ein Chemiker keinen Repetitor? Wieso ist Jura das einzige Fach, bei dem sogar Studenten anderer Fachrichtungen wissen, dass man hier (angeblich) zum Repetitor müsse? Kurzum, hier ist vieles historisch bedingt. Repetitorien gibt es schon sehr lange und besonders in diesem Zusammenhang besitzt der bei Juristen bekannte Satz: »Das haben wir schon immer so gemacht« quasi verfassungsrechtlichen Status. Lösen Sie sich also bitte von der Grundeinstellung, ein Examen sei nur mittels Repetitorbesuch zu bestehen.

Wie Sie feststellen werden, haben wir als Alternative vor allem die private Arbeitsgemeinschaft (AG) im Auge. Aber auch wenn Sie sich nach der Lektüre dieser Arbeitshilfe aus nachvollziehbaren Gründen für ein Repetitorium oder eine andere Vorbereitungsmethode entscheiden, will Ihnen dieses Buch das richtige Handwerkszeug zur Verfügung stellen. Im Gegensatz zu anderen Anleitungsbüchern möchten wir den Repetitor nicht dämonisieren, sondern Ihnen alternative Wege vorstellen. Wir möchten einfach Ratgeber in einem schwierigen Studienabschnitt sein. Wenn Sie aber schon zum Repetitor gehen, weil Sie sich – nach Lektüre dieses Buches fast unvorstellbar – als AG-untauglich einstufen, dann nutzen Sie den Repetitor bitte auch richtig (dazu unten Rn. 123 ff.).

Die Universität lässt den Jurastudenten in der Planung der Examensvorbereitung alleine.

Die Idee zu diesem Buch ist aus der eigenen sehr schmerzlichen Erfahrung heraus entstanden, dass der Jurastudent in der Examensvorbereitung von der Universität völlig alleine gelassen wird; oft drängt sich der Gedanke auf, den Universitäten sei es gar nicht so unrecht, dass die Examensvorbereitung zu großen Teilen in den Händen der privaten Repetitoren liegt. Der Verantwortung, den Studenten umfassend auf das Staatsexamen vorzubereiten, stellen sich immer noch nur wenige Universitäten – teils, weil sie es nicht als ihre Aufgabe ansehen (»Freiheit von Forschung und Lehre«), teils aus eigennützigen Motiven (kaum ein Professor mehrt seinen wissenschaftlichen Ruhm durch ein gutes Vorbereitungsangebot) und teils, weil die öffentliche Hand nicht die nötigen finanziellen Mittel aufbringt. Wir möchten nicht verschweigen, dass dies besser zu werden scheint und immer mehr Examensvorbereitungskurse angeboten werden. Außerdem wird möglicherweise durch den neuen Stellenwert des Schwerpunktbereichs die gezielte Vorbereitung auf die Staatsprüfung an der und durch die Universität ernster genommen als bisher und zu einer leichten Korrektur der Lern- und Ausbildungsmethoden führen. Aber dazu später mehr (s. Rn. 14a ff.).

Wir haben uns selbst in einer AG auf das Examen vorbereitet und in der Folgezeit zuerst an der Universität Freiburg, später an vielen Universitäten in Deutschland Seminare zur selbstbestimmten Examensvorbereitung durchgeführt, in denen wir unsere eigenen Erfahrungen weiter-

2

gegeben haben (dazu Kubala/Lutz/ter Haar/Wiedenfels JURA spezial 1999, Seite 28 ff). Rückblickend haben wir festgestellt, dass viele unserer Probleme nicht aufgetreten und Fehler nicht begangen worden wären, wenn wir ausreichend Informationen gehabt hätten. Diese Lücke möchte das vorliegende Buch als **Arbeitshilfe** schließen. Wir möchten Sie damit in dieser schwierigen Entscheidungsphase und während der Examensvorbereitung (einschließlich der Integration des Schwerpunktbereichs in Ihre Vorbereitung) bis zum erfolgreichen Abschluss des Staatsexamens begleiten. Profitieren Sie von unseren Erfahrungen. Wir haben während unserer Seminare mit Hunderten von Examenskandidaten und während der Marktforschungsphase zu diesem Buch mit vielen Fachschaftsvertretern und Studienberatern gesprochen und wissen, wo die Schwierigkeiten einer eigenständigen Examensvorbereitung liegen. Wir richten uns aber nicht ausschließlich an Examenskandidaten. Wie Sie lernen und in welcher Form Sie lernen, ist eine Frage, die Sie ab dem ersten Semester begleitet. Wenn Sie sich also auf die Zwischenprüfung vorbereiten wollen, auf die großen Scheine, auf den Schwerpunktbereich alleine oder auch auf das Zweite Staatsexamen, lesen Sie bitte zu Ihrem eigenen Vorteil ebenfalls weiter.

1.2 Über die Arbeit mit diesem Buch

Das Buch gibt Ihnen Bausteine an die Hand auf Ihrem Weg zur Examensnote »9+X«

3 Dieses Buch ist zuallererst ein praktisches Handbuch. Das heißt, es erhebt keinen Anspruch auf **wissenschaftliche Vollständigkeit**. Theoretische Hintergründe werden nur dort dargestellt, wo dies zum Verständnis der These unerlässlich ist oder wo es dazu beiträgt, Erfahrungswerte mit Erklärungen zu untermauern. Im Übrigen aber steht der praktische Nutzen im Vordergrund. Und dieser Nutzen lautet neben vielen anderen wichtigen »Nebenprodukten«: Bausteine zur berühmten Examensnote »9 + X«. Das Buch soll als Arbeits- und als Entscheidungshilfe sowie als Nachschlagewerk dienen. Es soll Sie bis zum Examen begleiten, wobei die Autoren die nicht unbegründete Hoffnung hegen, dass Sie das Buch nach ein paar Wochen schon gar nicht mehr benötigen werden.

Gerne dürfen Sie dieses Buch danach in Zeiten des Zweifels und der Demotivation auch als Beruhigungs- und/oder Aufputschmittel verwenden.

In jedem Falle dient es Ihnen als Entscheidungshilfe in zwei konkreten und eminent wichtigen Fragestellungen: Die erste Frage, die Sie sich (je eher, desto besser) zu stellen haben, lautet: Was ist die **für mich** richtige Methode, mich auf ein erfolgreiches Staatsexamen vorzubereiten? Dabei wird Ihnen das Buch mit Sicherheit helfen können. Hier finden Sie Unterstützung bei der ideal auf Sie **persönlich** abgestimmten Wahl der Vorbereitungsmethode.

Die zweite Frage lautet: »Wie nutze ich die Methode richtig aus?«. Dazu gehören weitere Fragen wie »Wie lerne ich richtig?« und »Wie wiederhole ich effizient und effektiv?« oder »Wie motiviere ich mich über einen langen Zeitraum?«. Auf all diese Fragen versucht dieses Buch eine praktische Antwort zu geben und Ihnen mit Rat und Tat zu helfen. Begreifen Sie dieses Handbuch als Schaltzentrale Ihres Projekts »Examensvorbereitung«. Von hier aus können Sie in alle Richtungen denken, die wir mit der Examensvorbereitung verbinden. Das eine oder andere Hilfreiche wird in jedem Fall für Sie dabei sein.

Im weiteren Verlauf dieses Kapitels 1 möchten wir Ihnen erklären, wie Sie die richtige und professionelle Einstellung zu Ihrem Staatsexamen bekommen, und Sie an die Frage heranführen, auf welche Weise Sie sich idealerweise vorbereiten können. Das Kapitel zeigt Ihnen, wie Sie Ihre Examensvorbereitung organisieren müssen. Wir möchten Sie dazu bringen, Ihre Examensvorbereitung als Projekt zu begreifen, das von langer Hand geplant sein will, um Erfolg zu haben.

In Kapitel 2 werden wir Ihnen erläutern, warum eine private Arbeitsgemeinschaft aus unserer Sicht anderen Lernformen deutlich überlegen ist und wie Sie eine Arbeitsgemeinschaft abhängig von Ihrem persönlichen Lerntyp erfolgreich einsetzen. Das Buch ist vorwiegend auf das Erste Staatsexamen zugeschnitten, ist aber auch für das Zweite Staatsexamen anwendbar. Von uns selbst erprobte Musterlernpläne finden Sie an entsprechender Stelle sowohl für das Erste wie das Zweite Staatsexamen (Anhang 1 und 2, unten Rn. 213 ff., 216 ff.). Wir möchten Ihnen natürlich auch Tipps und Tricks vorschlagen, wie Sie mit einem Repetitorium oder einer universitären Examensvorbereitung richtig umgehen. Obwohl wir die private Arbeitsgemeinschaft anderen Vorbereitungsformen für überlegen halten, möchten wir Sie bei diesen Vorbereitungsformen nicht alleine lassen. Wenn Sie sich schon dafür entscheiden, dann bitte richtig! Gerade bei diesen Vorbereitungsformen besteht eine große Gefahr, in die Passivität abzurutschen. Obwohl Ihnen bei diesen Vorbereitungsformen ein Teil der Organisationsarbeit abgenommen wird, müssen Sie auch hier konsequent planen. Wir zeigen Ihnen wie.

In Kapitel 3 geht es schließlich um methodische und organisatorische Fragen des Lernalltags, also um Dinge, von denen eine Mehrzahl der Studenten meint, die Antworten auf alle Fragen bereits zu kennen, sie nicht beantworten zu müssen oder ihnen keine Bedeutung für ein erfolgreiches Examen beimessen zu müssen. Wenn wir mit diesem Irrtum in unseren Workshops aufgeräumt hatten, wurde dieser Teil des Konzepts am häufigsten nachgefragt.

Kapitel 4 liefert einen Schnelldurchlauf anhand von Stichworten und eine Zusammenfassung.

Im gesamten Verlauf des Projekts erhalten Sie Kapitel für Kapitel Checklisten und Vorlagen sowie Arbeitsanleitungen, die Sie von heute an bis zum erfolgreichen Abschluss Ihres Examens »abarbeiten« können.

1.3   Das Examen als Projekt

4   Entgegen aller Theorie ist man als Student geneigt, immer für die nächste Prüfung und nie für das Leben zu lernen. Das Staatsexamen erhebt aber den Anspruch, **sämtliche** jemals für Ihr Berufsleben als Jurist **möglicherweise** in Frage kommenden Rechtskenntnisse, Fähigkeiten und Fertigkeiten abzufragen, und zwar in einer Art und Weise, die eine bloße Wiedergabe erlernten Wissens verbietet. Ihre Examensklausuren (und in gewisser Weise auch die mündlichen Prüfungen) sollen das Produkt antrainierten Verhaltens ergeben. Jede Klausur und jedes einzelne Examen ist (theoretisch) einmalig, nicht reproduzierbar und in höchsten Maße komplex – und soll trotzdem erfolgreich sein.

Damit erinnert es an ein ein- bis anderthalbjähriges Projekt eines Wirtschaftsunternehmens. Auch wenn man sich etwa aus mangelnder Erfahrung oder falsch verstandener Coolness dagegen sträuben mag, spricht nichts dagegen, das Examen genauso anzugehen: Wie ein Projekt eben. Und Projekte, das hat sich bewährt, werden gemanagt. Der Begriff »Projektmanagement« sagt noch nichts aus, denn man kann ein Projekt auch vollkommen falsch oder unsinnig managen. Dieses Handbuch wird versuchen, die erwiesenermaßen **erfolgreichen** Methoden des Projektmanagements auf Ihre Bedürfnisse herunter zu brechen und auf die Examensvorbereitung anzuwenden.

5   Das Geheimnis des Erfolges Ihres Projektes liegt in der sorgfältigen Planung und der Beachtung der entscheidenden Determinanten von Beginn an.

Grundparameter für Ihr Projekt »9+X – meine erfolgreiche Examensvorbereitung«

a) Sie müssen für Ihr Projekt klare Ziele definieren (siehe unten Rn. 7)
b) Ihr Projekt benötigt einen Zeitplan und besteht aus verschiedenen Phasen (siehe unten Rn. 9 ff.)
c) Ihr Projekt hat eine nicht unerhebliche Vorlaufzeit, bis die eigentliche Stofferarbeitungsphase beginnt
d) Sie müssen sich schon in der Vorlaufphase mit möglichen Risiken beschäftigen und diese weitgehend ausschalten
e) Ihr Projekt benötigt – zumindest für die Grobstrukturen – einen Projektleiter (nicht zu verwechseln mit dem im Idealfall ständig wechselnden AG-Leiter).
f) Ihr Projekt muss auf Erfolgskurs gehalten werden und deshalb einer ständigen Kontrolle bezüglich Terminplanung und Qualitätszielen unterzogen werden. Wie gut bin ich schon? Welche Noten erreiche ich im Augenblick im Examensklausurenkurs? Schaffe ich den Stoff zeitlich? (siehe unten Rn. 95 ff.)

Abbildung 1

Der erste Schritt auf diesem Weg ist die Zielvorgabe.

1.3.1 Die magische Wirkung von Zielvorgaben

Egal, welche Form der Examensvorbereitung Sie wählen, Sie müssen **6** sich organisieren. Im Endeffekt besteht zwischen dem Bau eines Flughafens, der Einführung eines neuen Automodells, dem Entwurf eines Gesetzes und Ihrer Examensvorbereitung kein Unterschied: Sie brauchen ein Ziel, haben einen zeitlich und personell begrenzten Rahmen (das ist Ihre Leistungsfähigkeit) und müssen die Examensvorbereitung mit Ihren anderen Vorhaben (Freizeit, Lebenspartner, ...) in Einklang bringen. Arbeiten Sie in einer Arbeitsgemeinschaft, müssen Sie sich zudem mit den anderen Teilnehmern organisieren. Sie müssen dafür keinen Projektmanagementkurs belegen, sollten aber einige Grundprinzipien beachten. Wir wollen Ihr Projekt ab jetzt **»9+X – meine erfolgreiche Examensvorbereitung«** nennen. Das Ziel einer Examensnote besser als neun Punkte sollten Sie bitte als Stellvertreter verstehen. Natürlich wissen wir, dass (leider) nur ca. 10 % eine derartige Note erreichen. Wir möchten aber, dass Sie sich ein Ziel setzen, das aus Ihrem Gesichtspunkt heraus ehrgeizig aber realistisch erscheint. Nur wenn Sie sich ein solches Ziel setzen, haben Sie die Chance, es zu erreichen! Alles, was wir Ihnen mit diesem Buch erklären wollen, sind einzelne kleine Bausteine auf dem Weg zu Ihrem erfolgreichen Examen.

Dies ist kein übertriebener Formalismus, sondern eigentlich eine Selbstverständlichkeit, die aber leider viel zu selten oder zu spät beachtet wird. Die Examensvorbereitung wird in naher Zukunft Ihre Leistungsressourcen fast vollständig binden. Diese knappen Ressourcen müssen wirkungsvoll eingesetzt werden. Daran ist nicht zu rütteln; an dieser Determinante können Sie nichts ändern. Bitte lesen Sie den vorletzten Satz daher nochmal; sein Anforderungsgehalt sollte vollkommen verinnerlicht werden.

1.3.2 Die magische Wirkung der schriftlichen Zielfixierung

7 Haben Sie sich schon einmal Gedanken gemacht, wo Sie in fünf Jahren stehen wollen? Wissen Sie schon, welchen Stoff Sie wann im nächstem Jahr bearbeiten wollen? Haben Sie sich eine Liste für ihren Einkauf morgen früh geschrieben? Nein? Schade, denn es gibt gute Gründe, dies zu tun! Eine Studie unter MBA Studenten der Harvard University (USA) hat ergeben, dass diejenigen drei Prozent der Studenten, die ihre Ziele für die nächsten fünf Jahre schriftlich festgelegt haben, nach fünf Jahren so erfolgreich waren wie die anderen 97 Prozent zusammen. Warum ist das so? Das menschliche Gehirn eignet sich hervorragend zum Denken, entlasten Sie es in Bezug auf Merken und Planen. Nutzen Sie dafür Ihr Unterbewusstsein. Indem Sie Ihre Ziele und Pläne schriftlich formulieren, wird Ihr Unterbewusstsein bereits auf deren Realisierung programmiert!

Wenn Sie ein klares Ziel vor Augen haben, wird es Ihnen außerdem wesentlich leichter fallen, sich zu motivieren und sich die Antwort zu geben auf eine Frage, die mit großer Wahrscheinlichkeit später irgendwann auftreten wird: »Warum mache ich das alles eigentlich?«. Wer nur so vor sich hin lernt, »um das Examen zu bestehen«, schützt sich zwar vorbeugend vor eventuellen bösen Überraschungen, gerät aber in die Gefahr, bei einem derart unpräzisen Ziel auch eine unpräzise Vorbereitung zu durchlaufen. Definieren Sie Ihr Ziel! Tun Sie dies schriftlich und seien Sie ehrgeizig! Wie lautet Ihr Ziel: 10 Punkte? Gut. Denken Sie ab jetzt immer an 10 Punkte, wenn Sie sich fragen oder von anderen gefragt werden, wo Sie hin wollen und warum Sie einen gewissen Aufwand dafür treiben. Mit diesem Ziel müssen Sie sich identifizieren können. Dazu gehört, dass Sie sich nicht dafür schämen und es auf gar keinen Fall je nach aktueller und schwankender Stimmungslage verändern oder anpassen. Es gibt nichts, an was sich Ihr Ziel anpassen müsste. Eventuell müssen Sie Ihre Vorbereitung bei ausbleibenden Erfolgen an Ihr Ziel anpassen, nie aber anders herum!

Ernennen Sie sich vorläufig zu Ihrem Projektmanager und fixieren Sie **8** jetzt für sich und für Ihr Projekt ein foglendes erstes Ziel. Achten Sie bitte genau darauf, dass Sie Ihr Ziel SMART formulieren: **S**pezifisch, **m**essbar, **a**mbitioniert, **r**ealistisch und **t**erminiert (zeitlich festgelegt).

Übung: *Setzen Sie sich ein SMARTES Ziel basierend auf der Frage: Welche Note möchte ich erreichen? Fixieren Sie dies bitte schriftlich!*

1.3.3 Mein Examenstermin

Ausgangspunkt aller folgenden Überlegungen ist **Ihr Examenstermin**. **9** Dieser Termin ist neben der Zielvorgabe der wichtigste Punkt des Projektes und die Überlegungen dazu werden deshalb allem vorangestellt. Voraussetzung für eine Planung ist, dass Sie wissen, **wann** das Examen bei Ihnen stattfindet und wann die Anmeldefristen dazu ablaufen. Weiterhin sollten Sie zu Beginn Ihrer Examensvorbereitung scheinfrei sein. Denn die Examensvorbereitung fordert Sie zu 100 %. Eine AG oder ein Repetitorium parallel zu den letzten Scheinen zu beginnen, ist fast nicht möglich; Sie übernehmen sich. Berücksichtigen Sie bei Ihren Überlegungen auch Ihre Strategie für den Umgang mit dem Schwerpunktbereich (vgl. Rn. 14a ff.). Wichtig ist, dass Sie sich jetzt entscheiden, wann Sie Examen machen wollen. Dies darf kein offener Termin sein (entweder Frühjahr 20xx oder Herbst 20xx), sondern **ein** konkreter Termin, auf den Sie Ihr Projekt hin planen. Notfalls erfragen Sie die Prüfungstermine bei Ihrem Landesjustizprüfungsamt.

Wir haben in unseren Seminaren sehr viele Teilnehmer erlebt, die ihre Vorbereitung mit der Einstellung begonnen haben, sie würden erst einmal alles lernen und dann schauen, wann sie ins Examen gehen.

Fixieren Sie Ihren Examenstermin! Der richtige Examenstermin ist eine Balance zwischen den Spannungspunkten »Stofffülle« und »Leistungsabfall«

Wir halten dies aus zwei Gründen für gefährlich. Zum einen darf die Examensvorbereitung nicht zu lange sein, irgendwann geht Ihnen die Motivation verloren, die »Puste« aus. Zum anderen haben Sie eine unglaublich große Stofffülle zu bewältigen, Sie kämpfen jeden Tag erneut gegen das Vergessen. Je länger Sie alles hinauszögern, desto größer ist die Wahrscheinlichkeit, dass Sie sich nicht auf Ihrem Leistungszenit befinden, sondern mehr vergessen, als Sie am gleichen Tag lernen können (siehe dazu unten Rn. 137 ff.). Kein Unternehmen der Privatwirtschaft würde eine Produkteinführung nur »ungefähr« festlegen, kein Leistungssportler sich auf die Olympiade 2008 »oder« 2012 vorbereiten.

Wie lange die Examensvorbereitung dauern sollte, ist Geschmackssache, es gibt aber einige Anhaltspunkte. Sie müssen das Mittelmaß zwischen den zwei eben genannten Spannungspunkten Stofffülle und Leistungsabfall durch Vergessen finden. Als Faustregel lässt sich sagen, dass die **Vorbereitungsphase nicht kürzer als 10 Monate und nicht länger als 18 Monate dauern sollte.**

Dabei sind die verschiedenen Phasen der Examensvorbereitung zu beachten:

Die Vorlaufphase (ca. 6 Monate), die Erarbeitungs- und Wiederholungsphase (ca. 9-12 Monate), die Wiederholungs- und Anwendungsphase (ca. 3-6 Monate) und die Regenerationsphase (ca. 1 Woche).

a) Vorlaufphase (ca. 6 Monate)

10 Vor der eigentlichen Examensvorbereitung steht eine nicht minder wichtige Vorlaufphase, in der Sie wichtige Grundsatzentscheidungen treffen müssen. Diese Phase sollte ca. sechs Monate umfassen. Wenn Ihnen diese Zeitspannc zu lang erscheint, sollten Sie nicht vergessen, dass die Gründung einer Examens-AG oder die Auswahl des für Sie richtigen Repetitoriums nicht von heute auf morgen zu bewerkstelligen ist. Nehmen Sie sich diese Zeit. Ein gelungenes Examen hängt nicht zuletzt von einer guten »Vorbereitung der Vorbereitung« ab. Schon lange vor der eigentlichen Examensvorbereitung müssen Sie Ihre **Methodenentscheidung treffen**: Repetitor, Einzelkämpfer oder Examens-AG. Innerhalb der Vorlaufphase sollte eine Probe-AG durchgeführt werden. Wenn Sie dieses Buch erst kurze Zeit vor Beginn Ihrer eigentlichen Examensvorbereitung in die Hände bekommen haben, müssen Sie nicht verzweifeln. Die Länge von sechs Monaten soll Ihnen einen stressfreien Einstieg in die Vorbereitung ermöglichen. Natürlich geht es zur Not auch erheblich schneller.

b) Die Erarbeitungs- und Wiederholungsphase (9-12 Monate)

In dieser zweiten und längsten Phase findet die Wissensaufnahme statt. **11**
Sie erarbeiten sich mit Ihrer privaten Arbeitsgemeinschaft oder mit Hilfe
eines Repetitoriums bzw. der Uni den examensrelevanten Stoff. Wie Sie
das genau machen, erfahren Sie im Kapitel 3 (Lernen und Wiederholen,
unten Rn. 137 ff.). Vom ersten Lerntag an kämpfen Sie gegen das Vergessen. Wichtig ist deshalb, dass Sie dem Wiederholen den gleichen
Stellenwert einräumen und frühzeitig damit beginnen.

c) Die Wiederholungs- und Anwendungsphase (3-6 Monate)

Diese retardierende Phase schließt sich an die Stoffvermittlung an. Sie **12**
haben den gesamten Stoff zumindest einmal systematisiert, gelernt, erarbeitet, und mindestens schon einmal wiederholt. Es kommt jetzt nichts
mehr Neues hinzu, das Wissen kann sich absetzen und durch mehrfaches
Wiederholen, Vertiefen und Anwenden gefestigt werden.

Im Vordergrund steht ab jetzt das Anwenden. Sie müssen vor allem
Klausuren schreiben, genau das und nichts anderes wird im Examen verlangt. Bitte hüten Sie sich aber vor dem blinden und ungezügelten Klausurenschreiben. Drei oder vier Klausuren innerhalb einer Woche »abzu-
reißen« ist wenig ratsam. Ernsthaftes Klausurenschreiben kostet Sie Zeit
– viel Zeit: Fünf Stunden Schreiben, eineinhalb Stunden Besprechung
und mindestens eine Stunde Nacharbeit. Das macht mit siebeneinhalb
Stunden netto fast einen gesamten Arbeitstag aus! Auf die Nacharbeit
dürfen Sie aber auf keinen Fall verzichten; sie ist genauso wichtig wie
das Schreiben. Klausurenschreiben hat nur Sinn, wenn Sie Ihre Fehler
später analysieren und aus Ihren Fehlern lernen. Unsere Empfehlung
lautet daher: Fangen Sie schon sehr frühzeitig mit dem ernsthaften
Besuch des Klausurenkurses an und schreiben Sie nicht mehr als eine
Klausur in der Woche. Machen Sie sich nichts daraus, wenn Sie am
Anfang häufiger durchfallen. Dies ist ganz normal, da es noch viele The-
menbereiche gibt (z.B. Zwangsvollstreckung, Staatshaftungsrecht, Han-
dels- und Gesellschaftsrecht), in denen Sie wahrscheinlich keinerlei
Kenntnisse besitzen. Schreiben Sie diese Klausuren trotzdem mit und
geben Sie **immer** ab, der Vormittag ist eh' hin. Irgendeinen Teil der
Klausur werden Sie lösen können. Und vergessen Sie nicht: Ein solcher
Fall der völligen Unkenntnis kann Ihnen auch im Examen passieren.
Trainieren Sie deshalb diese Situation und nutzen Sie die Zeit, indem Sie
nur mit dem Gesetzestext arbeiten.

Zusätzlich zu dem Klausurenkurs sollten Sie mit Ihrer AG oder alleine
eine weitere Klausur pro Woche stichwortartig lösen und besprechen.

d) Die Regenerationsphase: Die letzte Woche vor dem Examen

13 Ausspannen, nicht mehr lernen. Wer es trotzdem tut, hat alle Lernpsychologen gegen sich: Es besteht die Gefahr der Überlagerung des Langzeit- durch das Kurzzeitgedächtnis mit anschließender Blockade des bereits im Langzeitgedächtnis gespeicherten Wissens. Planen Sie die zwei Examenswochen. Treiben Sie viel Sport, entspannen Sie sich und lenken Sie sich ab. Glauben Sie uns, es geht. Wer die Disziplin für eine AG und zum monatelangen Einüben des Examensstoffs aufgebracht hat, bringt alle Voraussetzungen mit, sich auch an diese eine letzte Regel zu halten.

---

14 *Übung:*
Ergänzen Sie also bitte Ihre Zielvereinbarung um den Punkt
»Ich möchte im Monat/20xx Examen machen«.

1.4 Strategische Überlegungen zum Schwerpunktstudium

14a Im Rahmen der Ausbildungsreformen wurde für das Erste Staatsexamen das »frühere« Wahlfach durch die Einführung des Schwerpunktbereichs signifikant aufgewertet (vgl. zum Beispielt § 5d DRiG bzw. §§ 26 ff. Baden-Württembergische JAPrO). Durch den hohen Einfluss auf die Examensnote (30% der Gesamtbewertung) wird der Schwerpunktbereich beinahe dem Zivilrecht gleichgestellt. Betrachten Sie es als Chance: Sie haben dadurch die Möglichkeit, durch eine gezielte frühzeitige Weichenstellung 30% der Examensnote in einem Gebiet Ihrer Wahl abzusichern! Dies erfordert aber auch, dass Sie die Strategie für Ihre Examensvorbereitung bereits in frühen Semestern festlegen, um sich optimal auf die Prüfung vorbereiten zu können. Dies gilt um so mehr, da ansonsten Ihr Freiversuch (»Freischuss«) in Gefahr geraten kann.

»9+x«: Legen Sie sich bereits im 3. Semester auf Ihre Strategie im Umgang mit dem Schwerpunktbereich fest.

14b Auch wenn Ihnen dies sehr früh erscheint (bzw. der Zeitpunkt evtl. schon verstrichen ist), müssen Sie sowohl die Dauer der Examensvorbereitung als auch die für den Schwerpunktstudium benötigten Semester (mindestens 2) berücksichtigen. So begrüßenswert die Möglichkeit einer Spezialisierung und Abschichtung des Prüfungsstoff im Jurastudium ist, so ist doch insgesamt festzustellen, dass durch die Einführung des Schwerpunktbereichs die Teilnahme am Freischuss und der Beginn des Referendariats nach dem 9. Semester in einigen Ländern erschwert wurde. Möglicherweise steht dem allerdings eine langsame Verbesserung des Ausbildungsniveaus an den Universitäten gegenüber, da die Hochschullehrkräfte jetzt eine direkte, eigene und messbare Verantwortung für 30% der Examensnote haben. Statistisch haben sich die Examensergebnisse (zumindest in Bezug auf die teilweise dramatischen Durchfallraten) in den letzten drei Jahren leicht verbessert (aktuelle Zahlen s. Rn. 36). Ein Zusammenhang mit der Universitätsprüfung darf vermutet werden.

Darüber hinaus stellt die Universitätsprüfung eine hervorragende **14c** Möglichkeit für all die ambitionierten und motivierten Nachwuchslehrer dar, die sich mit einem guten Lehrangebot einen Namen machen können. Erkundigen Sie sich ruhig vor der Wahl Ihres Schwerpunktfachs, welcher Lehrer das didaktische und inhaltliche Konzept erstellt hast, vollziehen Sie es anhand eigener Unterlagen nach und fragen Sie, wer die eigentliche Vorlesung leiten wird.

Bevor Sie sich für eine Vorbereitungsstrategie entscheiden, informieren Sie sich zuerst über die geltenden Bestimmungen des Schwerpunktbereichs an Ihrer Universität. In der Regel besteht dieser Teil der Ausbildung aus einer schriftlichen Studienarbeit, einer umfassenden Aufsichtsarbeit und 1-4 vorlesungsabschließenden Prüfungen (mündlich/schriftlich). Sehr unterschiedlich sind die Regelungen bezüglich der Dauer und des möglichen Beginns dieses Ausbildungsteiles, z.B.

- in Freiburg: Möglicher Beginn nach der Zwischenprüfung (ab 3. Semester), minimale Dauer: 2 Semester, so dass man in Freiburg nach dem 5. Semester den Schwerpunktbereich abgeschlossen haben kann.
- in Hamburg: Anmeldung zu den Prüfungen des Schwerpunktbereichs erst nach dem 5. Semester gestattet; das Ablegen der vollständigen Prüfungsleistung vor Ende des 6.Semesters ist daher eher unwahrscheinlich.

Eine Übersicht über die Anfoderungen an das Schwerpunktstudium an den einzelnen Universitäten finden Sie auch im Internet (http://www.jurawelt.com/studenten/schwerpunkte/10008) Auch die Möglichkeiten, den Schwerpunktbereich nach dem Abschluss des Ersten juristischen Staatsexamens abzuschließen, variieren. Die nachfolgend vorgeschlagenen Strategien sollen aufgrund der großen Unterschiede zwischen den Universitäten Ihre Überlegungen nur unterstützen, können aber keine abschließende Empfehlung darstellen. Diese muss von den Regelungen Ihrer Universität, Ihrem Studienstil und Ihren persönlichen Zielen abhängen. Nicht berücksichtigt sind auch die Möglichkeiten der Beurlaubung und Anerkennung von im Ausland erbrachten Studienleistungen. Wenn Sie aber einen Auslandsaufenthalt planen, stellen Sie sicher, dass die »Erledigung« des Schwerpunktfachs bzw. von großen Teilen der Schwerpunktausbildung gut möglich ist und zumindest in zeitlicher Hinsicht ein hervorragendes Synergiepotenzial bietet.

Strategie 1:
Abschluss des Schwerpunktbereichs vor Beginn der
Examensvorbereitung

Bei dieser Strategie schließen Sie das Schwerpunktstudium vollständig ab, bevor Sie mit der Examensvorbereitung beginnen. Dies ermöglicht Ihnen die volle Konzentration auf die jeweiligen Prüfungsthemen. Sie nehmen sich Zeit um in den jeweiligen Themengebieten die optimalen Ergebnisse zu erzielen. Gleichzeitig bietet sich die Möglichkeit, in zweierlei Hinsicht eine Basis für die Examensvorbereitung zu schaffen:

1. Sie setzen sich inhaltlich bereits auf Examensniveau mit prüfungsrelevanten Themen auseinander
2. Sie können das Schwerpunktstudium als »Piloten« / Test für die eigentliche Examensvorbereitung nutzen, indem Sie dieses entsprechend der in diesem Buch vorgeschlagenen Techniken, z.B. als »Probe-AG« absolvieren

Allerdings ist Ihre Teilnahme am Freiversuch (unter der oben genannten Prämisse, dass Sie nicht »einfach mal so am Examen teilnehmen«) abhängig von den Regelungen an der jeweiligen Universität sehr schwierig und nur möglich, wenn Sie sich bereits frühzeitig mit Ihren Vorstellungen zum Examen auseinander gesetzt haben. Mit dieser Strategie nutzen Sie auch unter Umständen die Freiheiten Ihrer Ausbildungsordnung nicht aus, z.B. Absolvieren von Prüfungen des Schwerpunktbereichs zwischen schriftlichem und mündlichem Examen. Insgesamt scheint uns dies aber von allen die sinnvollste Strategie zu sein, die wohl im Ergebnis auch zu den meisten »Lebenssituationen« und Studientypen passt. In unserer Theorie spielt auch der Freischuss nur eine untergeordnete Rolle, da die darin liegende Chance auf Notenverbesserung von uns (zumindest bei klarer Zielsetzung und konzentriertem Umgang mit dieser Zielsetzung) für nicht erforderlich erachtet wird.

Strategie 2: Parallele Erarbeitung von Schwerpunktbereich und Examensstoff in vollem Umfang

Bei dieser Alternative führen Sie die Examensvorbereitung unabhängig von dem Schwerpunktstudium durch; dieses schließen Sie parallel ab. Vorteile dieser Strategie sind zum einen, dass Sie evtl. Synergien zwischen den Themengebieten nutzen können und zum anderen die realistische Möglichkeit haben, am Freiversuch teilzunehmen. Deutlich nachteilig ist jedoch die enorm hohe Arbeitsbelastung, die Sie sich aufladen. Wie bereits oben erwähnt (vgl. Rn. 6), erfordern die in den schriftlichen Prüfungen abgefragten Themen des Ersten Staatsexamens Ihre volle Konzentration; dies ist Ihr Vollzeitjob für die Zeit der Vorbereitung. Zusätzlich noch die Themen des Schwerpunktbereichs zu erarbeiten (nicht zu vergessen 30% der Examensnote!) ist unter der Prämisse eines Prädikatsexamens kaum zu schaffen. Sollten Sie sich für diesen Weg entscheiden, empfiehlt es sich die schriftliche Studienarbeit vor dem Beginn der Examensvorbereitung zu beenden, in den ersten 6 Monate des Lernplans den 2. Prüfungsabschnitt (z.B. die Vorlesungsabschlussklausuren) zu beenden und zwischen schriftlicher und mündlicher Examensprüfung (bzw. nach der Examensprüfung) den 3. Ausbildungsabschnitt (z.B. die Aufsichtsarbeit) zu absolvieren. Sie sollten auch in den ersten 6 Monaten die Einarbeitung in den examensrelevanten Stoff teilweise »nach hinten« schieben (z.B. in einer AG durch das Abhalten von nur 2 Sitzungen pro Woche möglich). Insgesamt ist diese Strategie nur Hartgesottenen zu empfehlen, die Arbeit unter großem Druck nicht scheuen (oder solchen brauchen?) und insgesamt auch mit deutlich weniger Freizeit auskommen. Oder eben Studenten, die Ihre Berufung zur Rechtswissenschaft erkannt haben und denen es einfach leicht fällt, sich mit dem Stoff auseinander zu setzen.

Strategie 3: Parallele Erarbeitung von Schwerpunktbereich und reduziertem Examensstoff

Sie verwenden bei dieser Strategie die oben genannten 10-18 Monate auf die Examensvorbereitung. Um bei einer 100% Arbeitsbelastung aber noch das Schwerpunktstudium abschließen zu können, reduzieren Sie den Lernstoff für die Examensklausuren und fokussieren in Ihrer Vorbereitung diesbezüglich noch mehr auf Struktur und weniger auf Wissen, da ja der Abschluss des Schwerpunktbereichs 30% der Examensnote zählt. Vorteile in diesem Fall sind die Möglichkeit der Teilnahme am Freiversuch, der mit einem möglichen Referendariatsbeginn nach dem 9. Semester einhergeht. Sie müssen sich aber des Risikos bewusst sein, dass Sie realistisch betrachtet »auf Lücke lernen«. Die Ausbildungsordnungen haben durch die Einführung des Schwerpunktstudiums zwar die Wertigkeit der Examensklausuren reduziert, nicht aber die geforderte Stofffülle. Aus unserer Sicht ist diese Strategie nur etwas für Nervenstarke und Studenten mit großem Priorisierungsvermögen. Denn es kostet nicht nur Nerven, Stoff weg zu lassen, sondern auch ein Verständnis dafür, das Unwesentliche vom Wesentliche und das Wesentliche vom Unerlässlichen zu trennen. Sollten diese Eigenschaften Ihnen eigen sein, kann diese Strategie mit einer guten Methodik sehr erfolgreich sein.

Übersicht über die Strategien zum Schwerpunktstudium:

	Vorteile	*Nachteile*
Strategie 1: Nacheinander	100%ige Konzentration auf das zu erarbeitende Studiengebiet Testen der Examensvorbereitung (»Probe-AG«)	Teilnahme am Freiversuch unwahrscheinlich
Strategie 2: Parallel, voller Stoffumfang	Freiversuch möglich Teilweise Synergien bei der Erarbeitung des Stoff	Extrem arbeitsintensiv
Strategie 3: Parallel, reduzierter Stoffumfang	Freiversuch möglich Erstellen schriftliche Studienarbeit möglich	Risiko des Lernens auf Lücke

Abbildung 2

»9+x«: Wählen Sie den Schwerpunktbereich, der Ihren Interessen und Fähigkeiten am meisten entspricht und sichern Sie sich 30% Ihrer Examensnote, die Ihre spätere juristische Karriere maßgeblich mitbestimmt. Nur durch die optimale Auswahl von Schwerpunktbereich, Zeitplan und Weg zur Vorbereitung auf das Erste Staatsexamen werden Sie Ihre persönliche Bestleistung erreichen.

Wir sind nicht so vermessen, zu glauben, dass jeder Leser bereits ein »Spezialgebiet« entwickelt hat. In der Tat hören wir immer wieder von Absolventen, die bis zur notwendigen Auswahl des Wahlfachs keinerlei Neigung für das eine oder andere Fach ausgeprägt haben. Dies ist beileibe kein Nachteil. Solchen Studenten raten wir, schlicht nach der Examensrelevanz auszuwählen. Hier bieten sich v.a. Schwerpunkte an wie »Zivilrechtliche Rechtspflege«, »Handel und Wirtschaft« oder »Arbeit und Soziale Sicherung« – alles Themen, die im Ersten Staatsexamen zumindest im Überblick gefordert werden und spätestens im Zweiten Staatsexamen in manchen Ländern zum materiellen Pflichtfach werden (z.B. Familienrecht in Baden-Württemberg, Sachsen; Arbeitsrecht, Wirtschaftsrecht in Hessen etc.).

Zusammenfassend bleibt festzustellen, dass aufgrund der hohen Wertigkeit in der Examensnote auch das Schwerpunktstudium höchste Priorität verdient. Nutzen Sie die Möglichkeit sich eine gute Examensnote zu sichern, dadurch dass Sie
- von Ihrem Spezialgebiet in Jura profitieren bzw.
- ein Schwerpunktfach mit großem Synergiepotenzial belegen und
- die **für Sie** optimale Strategie für Schwerpunktstudium und Examensvorbereitung wählen und damit
- den für sich optimalen Spagat zwischen Studiendauer und Examensergebnis finden.

1.5 Exkurs: Der Lerntyp

Jeder Mensch ist unterschiedlich. Diese Binsenweisheit kennen Sie. **15** Auch wenn dies auch im Bereich des Lernens zutrifft, ist es doch möglich, die Menschen nach ihrer bevorzugten Art der Informationsaufnahme in drei grundsätzliche Gruppen von Lerntypen einzuteilen: Die auditiven, die visuellen und die kinästhetischen Lerntypen. Wir sind alle in der Lage, auch die anderen Kanäle zu benutzen, der Lerntyp bestimmt nur unseren **bevorzugten** Aufnahmekanal. Wie bereits oben erwähnt, gelingt dies am besten, wenn man in der Lage ist, die drei Typen zu kombinieren.

Übersicht über die Lerntypen: **16**

Lerntyp	Bevorzugter Aufnahmekanal	Anteil der Bevölkerung
auditiv	»hören«	ca. 15%
visuell	»sehen«	ca. 45%
kinästetisch	»handeln«	ca. 40%

Abbildung 3

Dem auditiven Lerntyp liegt es am ehesten, die Informationen zu »hören«. Diese Personen bevorzugen einen strukturierten Vortrag, den

29

sie auch später im Geiste wie eine Musikkassette abspielen lassen können. Unterbrechungen im Vortrag bzw. Brüche in der Struktur erschweren die Aufnahme von Informationen, da das Band »vor- bzw. zurückgespult« werden muss.

Visuell veranlagte Menschen ziehen es vor, die Informationen zu »sehen«. Sie erschaffen sich Bilder der ankommenden Informationen im Gehirn, um diese besser aufnehmen und wiederabrufen zu können. Wenn Sie ein visueller Lerntyp sind, wird Ihnen beim Lesen oft ein Film in ihrem Gehirn ablaufen, in dem Sie sich das Gelesene vorstellen. Einem mündlichen Vortrag zu folgen und die präsentierten Informationen zu behalten, fällt Ihnen aber schwer.

Der kinästethische Lerntyp »handelt« sich die Informationen ins Gehirn. Als kinästhetischer Lerntyp ziehen Sie es vor, die dargebotenen Informationen »auszuprobieren«, z.B. indem Sie selbst einen kleinen Fall lösen. Von den in einem mündlichen Vortrag erwähnten Informationen behalten Sie fast keine.

Bevor wir Ihnen anbieten, Ihren Lerntyp in einem kleinen Selbsttest herauszufinden, wollen wir Sie noch kurz auf die Konsequenzen hinweisen, die sich aus dem »Fundament« für Ihren Weg zum Examen ergeben. Sollten Sie nicht zu der geringen Anzahl Menschen auditiven Lerntyps gehören, dann handeln Sie grundsätzlich gegen das Prinzip der Effektivität, wenn Sie sich Vorlesungen in der Universität anhören oder zum Repetitor gehen. Seien Sie deshalb diesbezüglich sehr selektiv. Die Bildung einer Arbeitsgruppe für die Vorbereitung auf das Erste Examen (oder gar eine Vorbereitung ganz alleine) ist für Sie mit an Sicherheit grenzender Wahrscheinlichkeit der bessere Weg. Vermutlich werden Sie dieser These erst einmal widersprechen, schließlich beruht die juristische Ausbildung auf dem auditiven Lerntyp: in den Universitäten basiert sie auf Vorlesungen und außerhalb der Universitäten bereiten sich mehr als 80 % der Jurastudenten mit Hilfe eines Repetitors vor. Es kommt Ihnen daher unwahrscheinlich vor, dass Sie kein auditiver Lerntyp sein sollen.

Lassen Sie sich nicht von der reformlahmen juristischen Ausbildung blenden. Heute nutzen erfolgreiche Kommunikations- und Präsentationstechniken, wie z.B. NLP, die Dreiteilung der Lerntypen und bemühen sich, diese optimal zu nutzen. Der dauerhafte Erfolg in der heutigen schnelllebigen Wirtschaft gibt der Methode recht.

Nehmen Sie daher unseren Test als Anhaltspunkt, welcher Lerntyp Sie sind. Stimmen Sie auf diesen die Methoden ab, mit denen Sie Ihre Vorbereitung auf das Erste Staatsexamen erfolgreich gestalten.

17 Der folgende Test kann Ihnen helfen, einen Hinweis auf Ihren Lerntyp zu bekommen (Auflösung unten Rn. 232).

Bestimmung Ihres Lerntyps

1. *Was werden Sie am wahrscheinlichsten vergessen?*
   a) Die schriftliche Notiz eines Freundes
   b) Die Organisation eines selbst nicht verwendeten Archivierungssystems
   c) Die Weitergabe einer Nachricht über das Telefon
2. *Für konzentriertes Arbeiten ist es Ihnen besonders wichtig,*
   a) dass der Schreibtisch ordentlich ist
   b) dass Sie Platz haben, um sich auszubreiten
   c) dass Sie nicht durch Geräusche gestört werden
3. *Was beeindruckt Sie an Ihrem Lieblingsschauspieler am meisten?*
   a) Seine variable Mimik und Gestik
   b) Seine hintersinnigen, humorvollen Dialoge
   c) Seine Begabung, Bewegung und seinen Körper einzusetzen
4. *Welche Art Denksport bzw. Rätsel bevorzugen Sie?*
   a) Memory, Kreuzworträtsel
   b) Kompliziertes Puzzle
   c) Umfangreiche Denksportaufgabe (z.B. Kurzkrimis mit Täter, Motiven, Indizien)
5. *Welche Formulierungen bevorzugen Sie?*
   a) Ausdrücke des Tuns, Handelns (»Das begreife ich«, »Das fühlt sich nicht richtig an«)
   b) Ausdrücke des Hörens (»Das klingt vernünftig«, »Ich höre, was sie sagen«)
   c) Ausdrücke des Sehens (»Das sieht richtig aus«, »Ich kann mir ein Bild davon machen«)
   Dies ist ein relativ starker Indikator, holen sie sich daher ruhig Feedback von ihren Verwandten, Freunden etc.
6. *Buchstabieren Sie Rhythmus rückwärts*
   a) Sie bewegen ihre Augen beim Überlegen nach unten
   b) Sie bewegen ihre Augen beim Überlegen zur Seite
   c) Sie bewegen ihre Augen beim Überlegen nach oben.

1.6 Die richtige Wahl der Vorbereitungsart

Nachdem Ihre beiden Zielvorgaben stehen und Sie wissen, welcher **18** Lerntyp Sie sind, sollten Sie sich der Wahl der richtigen Vorbereitungsart zuwenden – und zwar tatsächlich erst jetzt. Gehen Sie so unbefangen wie möglich an diese Frage heran und nicht erst, wenn Sie schon eine »Informationsveranstaltung« eines kommerziellen Repetitors hinter sich haben.

19   Wir unterscheiden die folgenden Methoden nach dem Grad ihrer Aktivität, die Sie sowohl organisatorisch als auch inhaltlich und nicht zu vergessen psychologisch vor unterschiedlich hohe Belastungen stellen:

- Vorbereitung mit Hilfe des universitären Lehrangebots
- Vorbereitung »ohne alles«
- Vorbereitung mit Hilfe eines kostenpflichtigen Repetitoriums
- Vorbereitung in einer privaten Arbeitsgemeinschaft

Von diesen Methoden wird es jede mögliche Art von Mischformen geben. In ihrer Reinform kommt in etwa – natürlich typabhängig – jeweils folgender Aufwand auf Sie zu:

20

Vorbereitungsart	Aufwand			Nutzen
	organisato-risch	inhaltlich	psychologisch	
Universität	niedrig	hoch	mittel	mittel
ohne alles	hoch	hoch	hoch	mittel
Repetitor	niedrig	hoch	niedrig	mittel
AG	hoch	hoch	mittel	hoch

Abbildung 4

Wir gehen davon aus, dass die inhaltliche Aktivität während der Examensvorbereitung, also der eigene Lernaufwand, im Idealfall immer gleich hoch ist. Während an der Uni und beim Repetitor bereits ein gewisser eingespielter und funktionierender organisatorischer Rahmen besteht, der den eigenen Aufwand gering erscheinen lässt, erfordern die Vorbereitungsmethoden »ohne alles« und mit einer privaten AG ein hohes Maß an eigener organisatorischer Arbeit. Das erscheint zunächst lästig. Dazu kommt, dass man sich »ohne alles« in der Regel sehr schnell verloren vorkommen wird und deshalb einen hohen psychologischen Aufwand treiben muss, um sich selbst immer wieder davon zu überzeugen, dass man auf dem richtigen Weg ist. An der Uni und in einer privaten AG befindet man sich immerhin in einem überschaubaren Rahmen einiger Mitstreiter. Nur beim Repetitor herrscht heimelige Nestwärme: Dort gehen alle hin, daran kann nichts Falsches sein. Psychologisch wird man hier bestens betreut.

Nach dieser Aufwandsevaluation wird man vorschnell folgendes sagen: Der Repetitor bietet die meisten Vorteile bei dem geringsten Aufwand. Allerdings dürfen Sie neben dem Aufwand nicht den Nutzen vernachlässigen! Wir möchten Ihnen im Folgenden darlegen, warum die AG in der Regel trotz des höheren Aufwandes den anderen Formen der Vorbereitung überlegen ist.

1.6.1 Die Mängel der klassischen Examensvorbereitung

Die universitäre Juristenausbildung und das kommerzielle Repetitorium **21** leiden an dem gleichen Mangel: Beide sind zu passiv oder verführen zur Passivität. Der Frontalunterricht in der Vorlesung hat spätestens seit Gutenbergs Erfindung des Buchdrucks ausgedient. Es ist symptomatisch, dass diese Unterrichtsform immer noch den Titel »Vorlesung« trägt, obwohl es zu jedem Fachgebiet mindestens drei gute Lehrbücher und zwei hervorragende Fallsammlungen gibt. Es ist nicht zu erklären, weshalb immer noch fast ausschließlich **vorgelesen** und zu wenig **geübt bzw. erarbeitet** wird. Durch ein verbessertes Angebot an Examensvorbereitungskursen nehmen sich einige Universitäten mittlerweile dieses Problems an und bieten Kleingruppen-Tutorate an, die sich von den Massenveranstaltungen der »Wiederholungs- und Vertiefungskurse« durch eine stärkere Betonung der individuellen Stoffanwendung abheben sollen. Dennoch bleibt, genau wie beim Repetitor – Kleingruppe hin, Kleingruppe her –, eine Unterrichtsform bestehen, die in erster Linie frontal ausgerichtet ist und sich seit Jahrhunderten nicht bewährt, sondern vor allem überholt hat (s. Rn. 24).

1.6.2 Die Mär vom auditiven Lerntyp

Dieses Buch ist nicht der Platz, das juristische Ausbildungssystem einer **22** im Ergebnis wohl nicht sehr schmeichelhaften Bewertung zu unterziehen. Es ist auch nicht der Platz, kommerzielle Repetitorien dafür zu kritisieren, aus einem offensichtlichen Bestreben nach Passivität der Examenskandidaten Kapital zu schlagen. Sie müssen aber aus den bekannten Mängeln für den wichtigsten Abschnitt Ihres Studiums Konsequenzen ziehen:

Lösen Sie sich aus der Passivität und machen Sie sich auf den Weg zu einer selbstbestimmten und aktiven Examensvorbereitung!

Was heißt das konkret für Sie? Zuerst müssen Sie sich darüber klar wer- **23** den, dass die eigentliche Vorbereitungsarbeit von Ihnen selbst bewerkstelligt werden muss und während dieser Zeit der überwiegende Teil Ihres Tages von Jura bestimmt sein **muss**. Kein noch so guter Repetitor, kein noch so didaktisch versierter Professor kann Ihnen die Inhalte so vermitteln, dass Sie selbst nichts mehr vor- bzw. nachbereiten müssen. Zudem sollten Sie sich von der Vorstellung lösen, dass Sie auf das Examen »lernen«!

Lernen als passives Rezipieren stellt zwar die Grundlage Ihrer Examensvorbereitung dar, erfolgreich werden Sie aber nur dann sein, wenn Sie den Stoff in einem zweiten Anlauf durcharbeiten und strukturieren. Bei der immensen Stofffülle hat das Auswendiglernen prinzipiell keinen Erfolg. Den Wettlauf mit dem Vergessen wird nur der gewinnen, der den Stoff strukturiert und systematisiert hat. Auch diese Tatsache ist ein Allgemeinplatz, wird aber häufig durch das Vorgaukeln von irgendwelchen »Methoden« verwischt. Letztlich müssen Sie herausfinden, welche Arbeitsform für Sie die beste ist. Der Typ »Frontalunterricht« schneidet ohne eine gehörige Portion Selbstdisziplin jedoch denkbar schlecht ab:

Strukturen sind wichtiger als Einzelwissen –
Erfolg haben Sie nur, wenn Sie den Stoff nicht nur lernen, sondern
Systematisieren und Strukturieren

---

24 Durch den Frontalunterricht ist die Gefahr groß, in die Passivität abzurutschen und einfach nur zuzuhören. Wieso sollen Sie sich vorbereiten, wenn der Professor bzw. Repetitor alles noch mal erklärt? Dieses Vorgehen ist gefährlich: Wer hat schon die Abgrenzung einer Inhalts- und Schrankenbestimmung (Art. 14 I 2 GG) von einer Enteignung (Art. 14 III GG) oder den Regresskreisel der Gesamtschuldnerschaft nach nur einer Vorlesung wirklich verstanden? Nach der Stunde ist die Gefahr groß, dass aus »Zeitmangel« die wichtige Nachbereitung (siehe dazu unten Rn. 94) ausfällt. Diese Gefahr ist umso größer, wenn ausführliche Skripten ausgeteilt werden. Diese werden abgeheftet und ordnerweise für den noch unbestimmten Zeitpunkt eingelagert, an dem »alles noch mal gründlich wiederholt wird«. Das »Kaffeekränzchensyndrom« mit dem Nachbarn oder Ihre nur physische Anwesenheit wird Ihnen auch nicht ganz unbekannt vorkommen und mindert die Effektivität des Frontalunterrichts.

Die moderne Lernforschung zeigt zudem, dass es entgegen der Selbsteinschätzung vieler Lernenden den rein auditiven Lerntyp nicht gibt; nur die wenigsten Menschen haben eine auditive Lernneigung (siehe oben Rn. 15 ff.). Die besten Lernergebnisse werden durch eine Kombination aller Lernkanäle (lesen, hören, anwenden) erreicht. Selbst wenn

Sie zu der bemerkenswerten »Minderheit« gehören sollten, die durch Zuhören Stoff »erlernt« (»auditiver Lerntyp«), ist eine Nachbereitung und Wiederholung des gelernten Stoffs unabdingbar, um ihn nicht wieder zu vergessen. Der Frontalunterricht kommt dieser Kombination aller Lernkanäle nicht entgegen.

Der Frontalunterricht berücksichtigt außerdem weder Ihre Vorkenntnisse noch Ihre Lerngeschwindigkeit. Möglicherweise besitzen Sie in einem Gebiet Vorkenntnisse, weil Sie über dieses Thema eine Seminararbeit, eine Hausarbeit oder die Abschlussarbeit im Schwerpunktfach geschrieben haben. Vielleicht verstehen Sie die Probleme der Kondiktion im Dreipersonenverhältnis auch einfach schneller als ihre Kommilitonen. In diesem Fall verlieren Sie wertvolle Zeit, die Sie besser am Schreibtisch oder sonstwo zugebracht hätten (Stichwort: Freizeit).

Der größte Nachteil einer Vorlesung besteht aber in der **fehlenden Anwendung** des Stoffes. Ob der Stoff »sitzt«, erfahren Sie nicht in der Vorlesung, sondern erst, wenn Sie eine Klausur zu lösen haben und einen Antrag auf vorläufigen Rechtsschutz nach § 80 V VwGO nicht aufbauen können, obwohl Sie den Aufbau gelernt und mehrfach wiederholt haben. Es nützt auch nicht viel, wenn der Professor die Rechtsprobleme »anhand eines Falles« veranschaulicht. Denn dadurch haben Sie den Fall noch lange nicht selbst gelöst, sich die Erkenntnisse nicht »ins Gehirn gehandelt«. Die Fallstudie des Professors ist lediglich ein anderes Darstellungsmittel. Für Sie als Konsumenten (»Hörer«) bleibt es passiv. Oder wissen Sie etwa genau, wo die Tücken beim Radwechsel liegen, wenn Sie dem Mechaniker nur zugeschaut haben? In diesem Sinne ist der Frontalunterricht Zeitverschwendung. Bleiben Sie zu Hause oder an Ihrem »Lieblingsarbeitsplatz« (siehe unten Rn. 157 ff.), arbeiten Sie dort und gehen Sie nur aus dem Haus, um Ihr Wissen auf konkrete Fälle anzuwenden! Genau das wird im Examen verlangt: einen konkreten Sachverhalt einer nachvollziehbaren und vertretbaren Lösung zuzuführen. Das gleiche gilt übrigens mit Abstrichen für die Falllösung in einer Großgruppe. Das ist zwar besser als eine Vorlesung, birgt aber ebenfalls die Gefahr, dass Sie sich zurücklehnen und anderen die Lösung überlassen. Ob Sie auf die entscheidende Idee im Examen gekommen wären, werden Sie so nicht herausfinden.

Obwohl alle diese Negativ-Punkte durch diszipliniertes Arbeiten vermeidbar wären, rutscht man – fragen Sie sich selbst nach Ihrem eigenen Verhalten im Studium – unvermeidbar in die eben beschriebene »Vorlesungs-Falle«. Umso erstaunlicher ist die Diskrepanz zwischen der Abneigung der Studenten gegenüber dem universitären Ausbildungsprogramm und ihrer späteren Entscheidung für den Repetitor. Die überwiegende Mehrzahl der Studenten hält den Typus Vorlesung rückblickend für ineffektiv, wählt später mit dem Repetitor aber die gleiche Lernform wieder, nämlich die Vorlesung als Frontalunterricht innerhalb einer Großgruppe, die i.d.R. erheblich teureren Kleingruppenkurse einmal ausgenommen. Zwar rühmen sich die Repetitoren damit, ihren Unterricht interaktiv auszugestalten, ab einer Gruppengröße von über dreißig Personen kann man dies jedoch nicht mehr ernsthaft als interaktiven Unterricht bezeichnen. Wie Sie dennoch richtig mit dem Repetitor umgehen, erfahren Sie im Kapitel 2.7.2 (unten Rn. 123 ff.).

25   Die Universitätsprofessoren lehnen den privaten Repetitor überwiegend ab und versuchen in letzter Zeit verlorenes Vertrauen durch universitäre Examensvorbereitungskurse zurückzugewinnen. Sie kritisieren die Unselbständigkeit der Studenten und plädieren zusätzlich zu Ihren Examenskursen für eine Vorbereitung in Kleingruppen. Soweit diese Examenskurse sich in einer vorlesungsartigen Vermittlung des examensrelevanten Stoffs erschöpfen, begehen sie den gleichen Kardinalfehler: Sie fördern die Passivität der Studenten. Gleichwohl gibt es mittlerweile an vielen Universitäten löbliche Ausnahmen, bei denen engagierte Professoren anhand von großen Fällen mit den Studenten Strukturwissen trainieren möchten. Derartige Kurse sind i.d.R. sehr wertvoll und sollten auf jeden Fall aktiv besucht werden. Als alleinige Alternative zu einer Arbeitsgemeinschaft haben derartige Programme aus unserer Sicht noch drei strukturelle Fehler:

- Die Kurse müssen ein erhebliches Vorwissen voraussetzen, d.h. sie können den Stoff nicht vollständig abdecken. Von der Grundkonzeption derartiger Kurse ist das schlüssig. Nur so können Strukturen erkannt und trainiert werden. Dieses Vorwissen müssen Sie sich aber erst erarbeiten, weil Sie es i.d.R. beim Beginn der Examensvorbereitung nicht besitzen. Dies müssen Sie sich ganz unverblümt eingestehen. Gerade die theoretischen Grundlagen zu legen, ist Aufgabe einer Arbeitsgemeinschaft. Eine Arbeitsgemeinschaft **und** das universitäre Examensvorbereitungsprogramm gleichzeitig werden aber Ihre Kapazitäten übersteigen. Wir empfehlen Ihnen daher, nur ausgewählte Kurse neben einer Arbeitsgemeinschaft zu besuchen.
- Die Kurse finden oft nur im Semester statt. Das ist mehr als erstaunlich. Die Universität verlangt von den Studenten eine schnelle Examensvorbereitung, schafft es aber nicht, sich vom Semesterrhythmus zu lösen, und lässt Sie z.B. während der Sommersemesterferien fast drei Monate lang alleine!
- Fehlende Planbarkeit: Bis jetzt ist es leider die Ausnahme, nicht die Regel, dass für ein ganzes Jahr Stoffpläne vorliegen. Oft weiß die Universität nicht einmal, welche Kurse im nächsten Semester angeboten werden. Wie soll so ein Programm mit Ihrem Lernplan abgestimmt werden?

Ihre Examensvorbereitung sollte sinnvollerweise planbar sein. Der Auf- **26** wand, den Sie dafür treiben müssen, kann gar nicht groß genug sein: Nur wenn Sie Ihre Examensvorbereitung selbst in die Hand nehmen, organisieren Sie sich auch selbst. Zurück zur Tabelle bedeutet dies: Der organisatorische Aufwand für Ihre Examensvorbereitung sollte hoch sein, damit Sie sich ein hohes Niveau an Eigenorganisation und Selbstdisziplin aneignen. Außerdem werden Sie nebenher feststellen: Es ist alles zu schaffen, angefangen bei den Rahmenbedingungen. Wer sich seine eigenen Rahmenbedingungen anhand des Vorhandenen zweckentsprechend einrichtet, wird auf lange Sicht erfolgreicher sein als derjenige, der sich darauf verlässt, dass andere für ihn mitdenken.

Mit der Schaffung einer eigenen Organisationsstruktur geht auch ein psychologischer Vorteil einher: Man weiß etwas genauer, was auf einen zukommen kann, welche Probleme auftreten können und was man dagegen im Notfall unternehmen kann. Man ist nicht nur besser vorbereitet, sondern **fühlt** sich auch so. Gleichzeitig schadet es nicht, wenn man nicht in erster Linie psychologische Bestätigung angeboten bekommt, sondern sich Teile davon selbst erarbeiten muss. Die psychologische Betreuung in Großgruppen durch ein gemeinsames Ziel, welches man mit gemeinsamen Mitteln verfolgt, ist oftmals trügerisch. Oder glauben Sie, dass jede Repetitor- Großgruppe mit der Rep-Methode gleichzeitig und gemeinsam ein »9+x« zustande bringt? In der eigenen kleinen AG ist dies viel leichter zu akzeptieren. Der scheinbare Nachteil, in psychologischer Hinsicht weniger »betreut« zu werden, ist in Wahrheit wiederum ein Vorteil: Die AG fördert ein höheres Maß an Selbstsicherheit und Selbstdisziplin. Der mittelmäßig große Aufwand, den Sie durch regelmäßige Feedbacks, größere Sensibilität im Umgang mit Ihren Mitstreitern und aktive Mitarbeit an einem starken »Wir-Gefühl« dafür treiben müssen, ist sehr gut investiert und zahlt sich in Ruhe und Gelassenheit während der Examenswoche aus – ob Sie es nun glauben oder (noch) nicht.

1.6.3 Die aktive Examensvorbereitung in einer privaten Arbeitgemeinschaft

Sicher möchten Sie endlich erfahren, warum wir der Auffassung sind, **27** dass eine private Arbeitsgemeinschaft allen anderen Formen der Examensvorbereitung überlegen ist oder zumindest eine gleichwertige Alternative darstellt. Wir wollen nicht unterschlagen, dass häufig Bedenken gegen eine AG vorgebracht werden. Sie können nur dann die für Sie richtige Form der Examensvorbereitung wählen, wenn Sie die Vor- und Nachteile aller möglichen Formen kennen und abwägen können. Letztlich sind wir der Auffassung, dass ernsthafte Nachteile kaum existieren und die Vorteile einer Arbeitsgemeinschaft die verbleibenden Nachteile bei weitem überwiegen. Uns fallen nur begrenzte Nachteile ein oder solche ohne großes Gewicht.

a)   Die Nachteile einer privaten Arbeitsgemeinschaft

28 Nicht von der Hand zu weisen ist der auf den ersten Blick **größere Zeitaufwand** einer privaten Arbeitsgemeinschaft. Im Gegensatz zu einem privaten oder universitären Repetitorium sind Sie selbst für Stoffauswahl, die Wahl des richtigen Lehrbuchs und vor allem für die Auswahl der zu besprechenden Fälle zuständig. Ein Skript mit den (angeblich) zwanzig examensträchtigsten Fällen zum Sachenrecht erscheint als Alternative sehr verlockend. Einfach nur durcharbeiten und Sachenrecht sitzt. Bitte vergessen Sie aber nicht, dass Sie sich zu einer aktiven Examensvorbereitung verpflichtet haben. Der höhere Anteil an **Eigenarbeit** und organisatorischem Aufwand zahlt sich schon wenig später aus: Wenn Sie nicht einfach das Skript zum Sachenrecht durcharbeiten, sondern sich bei der Fallauswahl selbst Gedanken machen müssen, **welche** examensrelevanten Probleme es beispielsweise zum gutgläubigen Erwerb gibt, sind Sie schon wesentlich weiter als Ihre »passiven« Kollegen und werden zum aktiven Lernen geradezu gezwungen. Schon beim Lernen systematisieren und strukturieren Sie den Stoff. Natürlich kann man das auch beim Repetitor, der Schlendrian wird aber schneller Einzug halten, als Ihnen lieb ist. Wann haben Sie sich zum letzten Mal ausführlich mit dem Inhaltsverzeichnis eines Lehrbuches beschäftigt, bevor Sie es durchgearbeitet haben? Noch nie? Wieso sollte es sich gerade jetzt ändern? Zwingen Sie sich doch mit sanftem Druck zu einer aktiven Arbeitsweise. Schrecken Sie nicht vor dem hohen Organisationsaufwand zurück, sondern nehmen Sie ihn als das, was er ist: Der erste Schritt zu Ihrer Examensnote (Zielbestimmung!) und ein handfester Vorteil gegenüber allen, die sich **erzählen lassen**, was die examensrelevanten Probleme sind.

29   Häufig ist die These zu hören, der Repetitor vermittelte **Sicherheit und »Nestwärme«**, die eine private Arbeitsgemeinschaft nicht bieten könne. Gemeint ist damit die Beschützerrolle des Dozenten, der die Gewissheit vermittelt, alle examensrelevanten Probleme gelernt zu haben, und so die psychologischen Probleme gering hält, die sich durch Selbstzweifel nach und nach einstellen. Beim Repetitor ist angeblich sichergestellt, dass kein wichtiges Problem übersehen wird und insbesondere die letzte BGH-Entscheidung zur Altersversorgung bei eingetragener Lebenspartnerschaft kurz vor dem Examenstermin noch schnell als Handout ausgeteilt wird. Sie können deshalb ruhig schlafen und wachen nicht nachts von Albträumen schweißgebadet auf, weil in Ihren Träumen ein juristisches Problem Gegenstand einer Klausur war, das Sie nicht, Ihr Kollege aus dem Repetitorium aber gleichwohl wie von der Karteikarte herunterschreiben konnte. Bitte verzeihen Sie uns diese zugegebenermaßen etwas voreingenommene Sichtweise. Gerade dieses »Vorurteil« haben wir während unserer Workshops an den Universitäten aber am Häufigsten zu hören bekommen. Sie bekommen deshalb auch eine ganz klare Antwort von uns: **Es gibt kein Geheimwissen der Repetitoren.** Und außerdem **spielt ganz aktuelle Rechtsprechung im Examen keine Rolle.** Lösen Sie sich von der Vorstellung, im Examen würden die ausgefallensten und allerneusten Probleme behandelt und auswendig gelerntes Einzelwissen abgefragt. Dies wird schon aus dem reinen Gesetzeswortlaut deutlich:

»Die Erste Juristische Staatsprüfung ist vorwiegend **30**
Verständnisprüfung. Sie dient der Feststellung, ob die Bewerberinnen und Bewerber aufgrund eines Studiums der Rechtswissenschaft [...] die wissenschaftlichen **Arbeitsmethoden** *beherrschen, die als Grundlage erforderlich sind, um den Anforderungen des juristischen Vorbereitungsdienstes zu entsprechen.« (§ 6 des Hessischen Juristenausbildungsgesetzes [Hervorhebungen durch die Verfasser])*

Als Beleg, dass dies auch von den Korrektoren ernst genommen wird, sei beispielhaft aus den Berichten des Bayerischen Landesjustizprüfungsamtes zitiert, das jedes Jahr die wichtigsten Themen der einzelnen Examensklausuren aufschlüsselt. S. zum Beispiel JuS-Informationen Heft 9/2001 Seite XXII):

»... Die Liste soll einen Überblick gewähren und verdeutlichen, dass **31**
Gegenstand der Ersten juristischen Staatsprüfung nicht möglichst schwierige, nur mit präsentem Detailwissen lösbaren Probleme abgelegener (Teil)-Rechtsgebiete sind, sondern Fragen, die die Prüfungsteilnehmer mit an der Universität erworbenen Kenntnissen und methodischen Fähigkeiten zu einer vertretbaren Lösung führen können.«

Oder aus dem Jahresbericht 2005 (www.justiz.bayern.de/ljpa):

»Die Aufgaben in den juristischen Staatsexamina ...sollen den KandidatenVerständnis, systematisches Denken sowie eigenständiges, folgerichtiges Argumentieren und nicht auswendig erlernbares Detailwissen abverlangen.«

---

32 Welche Folgerungen sollten Sie daraus ziehen: Entgegen vielfacher Beteuerung sind die **Strukturen wichtiger als das Einzelwissen.** Unsere Erfahrungen ist, dass nur selten ein »bekannter Fall« Gegenstand der Prüfung ist, sondern meist eine Konstellation, mit der Sie sich noch nie vorher beschäftigt haben. Die Suche nach einem bekannten Vorbild-Fall wird negativ ausfallen oder die Falllösung nicht weiter bringen. Im schlimmsten Fall ist der Erkenntniswert aus dem Urteilstext sogar kontraproduktiv, da er den Blick verstellt auf die Argumentation, die zur Entscheidung führt. Ein richtiges Ergebnis nützt Ihnen nichts, wenn es nicht schlüssig und rechtlich einwandfrei begründet ist.

Über die reinen Prinzipien hinaus, müssen Sie sich nicht mit den letzten Verästelungen des Eigentumsvorbehalts unter besonderer Berücksichtigung der jüngsten BGH-Rechtsprechung auseinandersetzen. Während Ihrer Vorbereitung werden Sie im Gegenteil eine ganz andere Erfahrung machen. Sie kennen zwar noch den »Jungbullen-« oder den »Schweinemästerfall«, haben aber leider vergessen, welche Voraussetzungen eine Anscheinsvollmacht hat. Ermahnen Sie sich deshalb jeden Tag, vor allem die Grundstrukturen zu lernen und zu wiederholen. Das können Sie in der AG genauso gut wie im Repetitorium. Wirklich wichtige Urteile erfahren Sie im Übrigen auch durch gelegentliche Lektüre der Rechtsprechungsübersichten von JuS/Jura oder JA. Und noch eins: Auch Repetitoren können nicht »alles« behandeln und müssen eine Auswahl an wichtigen Grundfällen behandeln, es sei denn, das Skript des Repetitors nur zum Bereicherungsrecht hat dann fast zweihundert (!) Seiten. Nur dann kann mit dem Spruch geworben werden, alle wichtigen Probleme der Klausuren seien in den Skripten behandelt worden (»Das Hauptproblem in der 3. Examensklausur war im Skript auf Seite 174 ausführlich behandelt«). Wie Sie das alles lernen sollen, sagt Ihnen leider niemand. Der Bericht des Prüfungsamtes räumt noch mit einem weiteren Vorurteil auf:

---

33 *»Rückschlüsse darauf, welche (Teil-)Rechtsgebiete, Rechtsinstitute oder Rechtsprobleme in einem bestimmten künftigen Termin Gegenstand der Ersten Juristischen Staatsprüfungen sein könnten, lässt die Aufstellung*

nicht zu; sie dient der Transparenz ... und nicht Spekulationen, vor denen
die Studenten im eigenen Interesse gewarnt werden.«

Bitte geben Sie daher nichts auf Statistiken, die Ihnen vorgaukeln, able-
sen zu können, welche Gebiete in Ihrer Prüfung drankommen könnten
(»es war 12 Prüfungstermine lang kein Kaufrecht dran«...). Bereiten Sie
sich einfach mit gutem Lehrmaterial wie ein besonnener Mensch auf die
Prüfung vor.

Das einzige wirkliche Problem einer AG ist ihre **Abhängigkeit von
den AG-Partnern.** Was passiert mit Ihrer AG, wenn ein Teilnehmer aus-
steigt, erkrankt, Sie sich nur noch streiten oder ein Teilnehmer dauernd
schlecht vorbereitet ist? An dieser Stelle sei nur gesagt, dass diese Probleme durch eine gute Vorbereitung der Arbeitsgemeinschaft weitgehend in den Griff zu bekommen sind. Die einzelnen Probleme werden
unten in Kapitel 2.5 (Rn. 95 ff.) behandelt.

b) Die Vorteile der privaten Arbeitsgemeinschaft

Diesen geringen Nachteilen stehen allerdings erhebliche Vorteile der **34**
privaten Arbeitsgemeinschaft gegenüber:

Aktives Lernen: Der angebliche Nachteil der AG ist ihr größter Vorteil: Nach unserer Konzeption muss der Stoff einer AG-Stunde **vorher**
gelernt werden. Dies ist Voraussetzung dafür, die Fälle in der Stunde
selbst lösen zu können. Im Idealfall ist die AG nur noch Wiederholung
und Vertiefung des Stoffes. Auf jeden Fall werden Ihre Lücken sichtbar:
Da Sie den Stoff in der AG selbst wiedergeben und praktisch anwenden
müssen, merken Sie sofort, ob der Stoff »sitzt« oder nicht und vermeiden
die »Vorlesungsfalle« (siehe oben Rn. 24). Können Sie sich ein aktiveres
Lernen und eine effektivere Kontrolle vorstellen, als vier Stunden mit
Ihren AG-Partnern aktiv Fälle zu lösen? In der Nachbereitung können
festgestellte Lücken geschlossen werden (dazu unten Rn. 94). Zusammen mit Ihrem Wiederholungsplan (dazu unten Rn. 172 ff.) wird Ihr
Wissen immer weiter anschwellen und irgendwann werden richtige
Lücken der Vergangenheit angehören.

Eigene Strukturierung schafft Überblick: Ein wichtiges Element
unserer Methode besteht darin, dass Sie den Lernplan selbst erstellen
müssen. Wir wollen Sie ausdrücklich dazu ermuntern, sich nicht auf
vorgefertigte AG-Pläne zu verlassen, sondern **Ihren eigenen** AG-Plan
zu erstellen (dazu unten Rn. 60 ff.). Das schafft schon vor Beginn der
Vorbereitung Überblick über den gesamten Stoff und gibt Ihnen die
wichtige Gewissheit, dass der Prüfungsstoff in viele kleine Lernportio-

nen zerlegt werden kann und eben nicht unendlich ist. Hier macht sich bemerkbar, dass der Nachteil des höheren Aufwands in Wahrheit ein Vorteil ist.

Eine Arbeitsgemeinschaft schafft eine **unvergleichliche Gruppenmotivation**. Die Motivationsmöglichkeiten in der privaten Arbeitsgemeinschaft sind enorm. Durch die kleine Teilnehmerzahl und das ständige aktive Lernen bzw. Wiederholen ist ein Abschalten oder Ausklinken unmöglich. Sie können nicht aus dem Fenster schauen, da Sie fast ständig dran sind. Unvorbereitet werden Sie genau einmal zur AG kommen. Beim nächsten Mal werden Sie die Nacht vor der AG lieber durcharbeiten, nur um die zu Recht enttäuschten Blicke Ihrer AG-Partner zu vermeiden. Sie glauben es nicht? Probieren Sie's aus!

Eine AG ist eine kostenlose **Übung im mündlichen Argumentieren** und somit eine optimale Vorbereitung auf die mündliche Prüfung und das spätere Berufsleben. Sie werden gezwungen, komplizierte Sachverhalte zu erklären, einen gestellten Sachverhalt schnell zu erfassen und schließlich zu lösen. Wir behaupten: Mit einer AG gehört Angst vor der mündlichen Prüfung der Vergangenheit an.

Eine AG ist **preisgünstig:** Den vierstelligen Betrag, den ein Rep-Kurs schnell kosten kann, investieren Sie lieber in einen langen Urlaub nach dem erfolgreichen Examen. Das Examensergebnis ist nicht käuflich.

Ihr Biorhythmus entscheidet, nicht der Ihres Lehrers. Sie sind morgens nicht fit, lernen aber am liebsten um 20 Uhr? Warum nicht. Bis auf die frei vereinbarten AG- Termine sind Sie Ihr eigener Herr. Nutzen Sie diesen Vorteil und lernen Sie überwiegend in Ihren Hochphasen (dazu unten Rn. 151).

35 Neben den fachlichen Vorteilen bringt Ihnen die AG auch für Ihr späteres Berufsleben eine ganze Menge. Zwar werden Sie einwenden, die Examensvorbereitung sei nicht der richtige Moment, sich neben fachlichen auch noch berufliche Fähigkeiten anzueignen. Wenn Sie diese neben den fachlichen Vorteilen aber noch gratis dazubekommen, sollte Sie dies endgültig von den Vorzügen der privaten Arbeitsgemeinschaft überzeugen. Viele Fähigkeiten, die im späteren Berufsleben gebraucht werden, werden im Jurastudium nicht gefördert, sondern verkümmern. Eine der wenigen Fähigkeiten, die Sie erlernen, ist Einzelarbeit (= Klausur und Hausarbeit) statt Gruppenarbeit und Bücher zu verstecken während der Hausarbeit statt gemeinsamer Problemlösung. Vor allem mit Teamwork haben die Juristen unter allen Hochschulabsolventen die größten Schwierigkeiten: Nutzen Sie deshalb die AG!

Eine AG **schult Ihre rhetorischen Fähigkeiten.** Wer für das Zweite Examen schon einen Aktenvortrag gehalten hat, weiß, was gemeint ist. Das schriftliche und mündliche Ausdrucksvermögen ist Ihr professionelles Kapital. Schulen Sie es!

- Eine AG trainiert Ihre **Team-** und **Kommunikationsfähigkeit**
- Sie erwerben **soziale Kompetenz** (»Soft Skills«)
- Sie trainieren Ihr **Durchsetzungsvermögen**

Kurz und gut: Die **Dynamik der privaten Vorbereitung** ist nicht zu vergleichen mit der statischen Wissensvermittlung im Frontalunterricht. Der Erfolg einer AG lässt sich nicht nur in Punkten messen, sondern bestätigt sich später immer wieder neu: Die Examens-AG ist auch **Wegzehrung für »die Zeit danach«.**

1.7 Die erfolgreiche Behandlung der Examensangst

Haben Sie sich schon einmal mit Ihrer Examensangst auseinandergesetzt? **36**

Das juristische Staatsexamen gilt nicht umsonst als eine der schwersten Abschlussprüfungen. Durchfallquoten von bis zu 40 Prozent (wer sich mit Statistiken beschäftigen möchte, findet aktuelle Zahlen z.B. bei www.jus.beck.de unter »Materialien«) ermahnen zu einer ernsthaften und wohlüberlegten Examensvorbereitung sowohl was den Weg Ihrer Vorbereitung betrifft als auch hinsichtlich Strategien zum Umgang mit dem erzeugten Druck.

In unserem Bekanntenkreis gibt es niemanden, der nicht wenigstens einen gewissen Grad an Anspannung vor der ersten Klausur des Staatsexamens verspürt hat. Studienkollegen, die das Examen mit (mindestens) vollbefriedigend abgeschlossen haben, waren teilweise schon kurz davor, ihr Projekt Prädikatsexamen abzubrechen, da der Druck sie so mitgenommen hat. Aus unserer Erfahrung basiert dies aber auf einer begrenzten und beherrschbaren Anzahl von Ursachen.

1.7.1 Rationale Betrachtung der Examensangst

Wie bereits oben erwähnt, ist eine spürbare Anspannung vor dem Examen absolut nachvollziehbar und bei nahezu jedem Kandidaten vorhanden: Die hohe Durchfallquote, die Stofffülle und die Bedeutung der Note für Ihre spätere Karriere sind legitime Auslöser dafür. Rational betrachtet sollte Sie aber genau dies zu einer persönlichen Höchstleistung motivieren. Vergessen Sie nicht, Sie haben alle Tools zur Beherrschung der Situation in Ihrer Hand! **37**

Wichtigste Ursache für den Druck ist die persönliche Gewissheit, dass Sie den geforderten Stoff nicht vollständig kennen. Und damit haben Sie völlig recht (und sitzen im selben Boot wie alle Ihre Examenskollegen auch). Sie können den Stoff nicht vollständig kennen, das ist einfach unmöglich! Aber glauben Sie, dass Sie im Berufsleben alle Fälle kennen werden, die auf Sie zukommen? Erwarten Sie etwa nur Fälle aus der Trierer Weinversteigerung und der heran rückenden Schweinemästerfarm in Ihre Kanzlei bzw. auf Ihrem Richtertisch? Mitnichten. Ebenso wenig werden Sie jeden Ihrer späteren Fälle im »**Palandt**« nachschlagen können. Ihr Ziel muss daher sein – wie bereits mehrfach erwähnt – den Stoff zu **beherrschen**! Dies erfordert die Wahl der richtigen Vorbereitungsmethode und die effektive Organisation der Examensvorbereitung. Denn wenn diese gut durchdacht ist und inhaltlich mit den Erwartungen, die an Sie gestellt werden, abgestimmt ist, ist man vor bösen Überraschungen sicher (und vielen Kollegen, die fremdbestimmt dem Herdentrieb zum Repetitor folgen, einen Schritt voraus). Umfassende Hinweise diesbezüglich finden Sie in diesem und den folgenden Kapiteln.

Lassen Sie sich auch nicht beirren durch die gern geschürte Panik in Ihrem Umfeld. Schauen Sie hinter die Kulissen und realisieren Sie die dahinter stehenden Interessen:

- Für kommerzielle Repetitorien gibt es kaum ein besseres Verkaufsargument als die Angst vor dieser Prüfung.
- Absolventen lassen ihre Leistung in noch besserem Licht erscheinen, wenn sie die Prüfung als extrem schwierig darstellen. Auch in der Bundesliga wird der Gegner vom Sieger gerne glorifiziert, selbst wenn Kommentatoren von einer Partie auf Regionalliganiveau sprechen.
- Andere Absolventen wiederum schieben die Verantwortung für ihr schlechtes Abschneiden gerne auf die Klausuren (»war nicht zu schaffen«) oder die Prüfer (»unfaire Fragen; viel zu schwer«), um sich und anderen nicht eingestehen zu müssen, selbst zu wenig getan oder der falschen Vorbereitungsmethode vertraut zu haben.
- Sogar im Kreis Ihrer Kommilitonen besteht die realistische Gefahr der Ausgrenzung, wenn Sie mit einer pragmatischen und realistischen Einstellung in die Examensvorbereitung gehen. Das Examen als superschwer und nahezu unlösbar darzustellen, ist in vielen Kreisen einfach »cooler«, wertet hinterher die eigene Leistung auf und bewahrt psychologisch gesehen vor Enttäuschungen.

Sehen Sie es doch aus der anderen Perspektive: Mit Hilfe einer ernsthaften und effektiven Examensvorbereitung haben schon Unzählige diese Prüfung mit Prädikat bestanden. Insbesondere die Tatsache, dass die Examensnote gemeinhin als wichtig gilt, sollte Sie um so mehr motivieren, sich ein ehrgeiziges Ziel zu setzen, sich mit den zur Verfügung stehenden Alternativen auseinander zu setzen und gerade **nicht** einer Methode zu vertrauen, die bislang nicht bewiesen hat, dass alle Teilnehmer eine Traumnote inklusive ihres juristischen Traumjobs erreicht haben. Denken Sie daran: Niemand kann Sie zu einer bestimmten Note bringen. Dorthin müssen Sie sich selbst führen! Rational betrachtet gibt es daher keinen Anlass für Examensangst.

1.7.2 Emotionale Betrachtung der Examensangst

Aber es gibt auch eine grundsätzliche Angst vor der Prüfung, oft getrie- **38** ben durch persönliche Versagensängste und verstärkt durch die oben beschriebene Panikmache aus Ihrem Umfeld. Sehen Sie es als Ihre Aufgabe, für sich den optimalen Weg zu finden, dass Sie sich sicher fühlen, Ihr angestrebtes Examensziel realisieren zu können. Erfahrungsgemäß bieten sich verschiedene Möglichkeiten, dieses ungute Gefühl loszuwerden und zu entspannen, z.B. autogenes Training oder entspannte Gespräche über Ihre Überlegungen mit einer Vertrauensperson (v.a. wenn diese bereits bestanden hat). Dass Sie in der Lage sind, mit so einem Druck umzugehen (und das können Sie genauso wie viele andere auch) ist eine weitere wertvolle Erfahrung des Jurastudiums. Letzlich dürfen Sie nicht vergessen, dass Sie sich bei der Wahl Ihres Studiums für diese Abschlussprüfung entschieden haben: Es ist Ihre persönliche Verpflichtung, jetzt die für Sie besten Tools zur Vorbereitung zu entdecken und zu verwenden, um das Programm bis zum erfolgreichen Abschluss des Examens abzuspulen.

Unabhängig von Ihrer »Vorbildung« können Sie jede Form der Examensvorbereitung wählen!

Wir wollen von realistischen Voraussetzungen ausgehen: Auch wenn Sie bisher nicht jede Vorlesung besucht haben, nicht jeden Hinweis der Professoren auf einen »wichtigen und lehrreichen Festschriftbeitrag« verfolgt haben, den **»Medicus«** und den **»Roxin«** noch nicht mehrfach durchgearbeitet haben, Ihre Kenntnisse vielmehr aus einem Meer des Nichtwissens mit einigen Wissensinseln besteht, **können Sie jede Form der Examensvorbereitung wählen. Alles andere ist Propaganda und schlicht und einfach falsch!** Diese Tatsache muss in aller Deutlichkeit gesagt werden, da Ihnen von allen Seiten immer wieder das Gegenteil eingehämmert wird: Von den Repetitorien, die ihre ständig wechselnden »Kunden« jedes Jahr von der eigenen Unentbehrlichkeit überzeugen müssen, und von einigen Professoren, die Repetitorien als Angriff auf ihre Ehre empfinden und eine Examensvorbereitung ohne kontinuierliches Mitarbeiten in Vorlesung und Übung für unmöglich halten. Wer während des Studiums schon kontinuierlich gelernt hat, hat es natürlich in der Examensvorbereitung leichter als derjenige, der von einer Umwandlung der Hypothek zur Eigentümergrundschuld noch nie etwas gehört hat oder EBV für eine Popgruppe aus den Siebzigern hält. Aber um es nochmals zu betonen: Die Ausgangspositionen sind für alle Varianten der Examensvorbereitung gleich gut wie gleich schlecht. Alles, was Sie jetzt brauchen, ist eine (hoffentlich durch dieses Buch bewirkte) Initialzündung, Standkraft, Durchhaltevermögen und eine gehörige Portion Selbstdisziplin. Eines können wir Ihnen nämlich nicht ersparen – eine anstrengende Examensvorbereitung. Sie werden nur dann erfolgreich sein, wenn ab heute ein wesentlicher Teil Ihres Arbeitstages durch Jura bestimmt wird. Keine Angst! Dieses Buch wird Ihnen helfen, sich zu organisieren. Wenn Sie effektiv und zielgerichtet arbeiten, bleibt auch noch genug (Frei-)Zeit für andere Dinge. Emotional betrachtet sollten Sie also versuchen, Ihre Angst in gesunde Anspannung umzudeuten und Ihr Unterbewusstsein auf Ihre ehrgeizige und realistische Zielvorgabe zu programmieren. Auch Willenskraft ist trainierbar, Nervosität beherrschbar. Wenn Sie Ihre Angst überhaupt nicht in den Griff bekommen, nehmen Sie zur Not fachkundige Hilfe in Anspruch. Sie wären nicht der erste und es wäre auch keine Schande, sondern nur klug.

1.8 Zusammenfassung

39 In diesem Kapitel haben Sie erfahren, wie Sie am zweckmäßigsten an Ihr Projekt »Examensvorbereitung« herangehen. Ihre erste Aufgabe ist es, Ihr Ziel im Examen zu definieren und es sich fest einzuprägen. Das Ziel sollte ehrgeizig sein, Sie sollten stets dazu stehen können und von jetzt an Ihr ganzes Handeln daran messen, ob es diesem Ziel dient. Danach sollten Sie einen festen Examenstermin ausmachen. Erst dann sollten Sie sich mit der Wahl der richtigen Vorbereitungsmethode beschäftigen. Dazu ermitteln Sie zunächst Ihren Lerntyp.

Dann wägen Sie mit Hilfe unserer Analyse die Vor- und Nachteile derjenigen Vorbereitungsmethoden gegeneinander ab, die Sie eingangs ermittelt haben. Wir wollten erreichen, dass Sie zu diesem Zeitpunkt eine private Arbeitsgemeinschaft jedenfalls schon nicht mehr gänzlich ablehnen, sondern diese vielmehr als echte Alternative zum Repetitor wenigstens wahr- und ernstnehmen. Gerne dürfen Sie sich der im Anhang abgedruckten Checklisten und Literaturhinweise bedienen! Durch die Checklisten bekommen Sie die Sicherheit, nichts Wichtiges vergessen zu haben, und Ihre Vorbereitung bekommt schon von Anfang an »Struktur«.

1.9 Übung

Nehmen Sie ein Blatt Papier und schließen heute einen Vertrag mit sich **40** selbst (ernsthaft!). Beachten Sie dabei folgende Punkte:

- Formulieren Sie Ihre eigenen Erwartungen an sich selbst bezüglich der Examensvorbereitung.
- Verpflichten Sie sich auf eine **aktive** Examensvorbereitung.
- Nennen Sie Möglichkeiten, wie Sie eine aktive Examensvorbereitung erreichen.
- Fragen Sie morgen in der Mensa drei Studenten anderer Fachrichtungen (insbesondere Mediziner und Theologen, die machen auch ein Staatsexamen), wie sie sich auf ihre Abschlussprüfungen vorbereiten und wieso sie dazu keinen kommerziellen Repetitor benötigen.

Kapitel 2: Die Arbeitsgemeinschaft

2.1 Was Sie am Ende dieses Kapitels erreicht haben

- Sie wissen, was Sie bei der Gründung einer AG alles beachten müs- **41** sen, und Sie sind mit dem konstruktiven Ablauf einer erfolgreichen AG vertraut.
- Sie sind in der Lage, den gesamten Lernstoff zu strukturieren (das sind Sie jetzt schon!) und einen Lernplan zu erstellen, und fahren nebenbei den ersten Lernerfolg ein.
- Sie verlieren die Scheu vor der selbstbestimmten Examensvorbereitung in der AG.
- Sie kennen die Konflikte, die innerhalb einer Lerngruppe auftreten und wissen sie zu vermeiden, mit ihnen umzugehen und sogar positiven Nutzen für Ihre berufliche Zukunft daraus zu ziehen.

Der Projektablauf in Ihrer Examens-AG

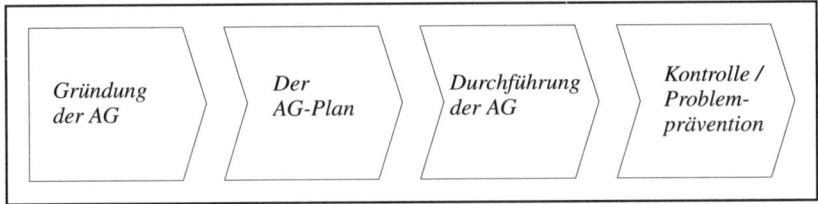

Abbildung 5

2.2 Die Gründung der AG

Es wurde bereits an anderer Stelle darauf hingewiesen, dass wir die pri- **42** vate Arbeitsgemeinschaft für das mit großem Abstand effektivste und nachhaltigste Mittel der Stofferarbeitung halten. Effizient ist es ohnehin. Gerade für die Examensvorbereitung eignet sich die AG hervorragend. Die nachstehenden Hinweise gelten aber entsprechend auch für eine AG zur Erarbeitung des Stoffes der kleinen/großen Scheine, eines gemeinsamen Seminar- oder Schwerpunktthemas oder eines »Probelaufs« (z.B. Strafrecht BT 1). Im Folgenden wird nicht nur beschrieben, was bei der AG alles falsch laufen kann, sondern vor allem, wie die private AG für den bestimmten Zweck so eingesetzt wird, dass es das unschlagbare Instrument der erfolgreichen Examensvorbereitung wird.

Arbeitsgemeinschaft = gemeinsam + Arbeit

Der Begriff »Arbeitsgemeinschaft« ist schillernd, vielfältig und trotz seines klaren Wortsinns leider erklärungsbedürftig. Vom Wortsinn her bedeutet Arbeitsgemeinschaft, dass zum einen »gearbeitet« wird. Diese Selbstverständlichkeit sollten Sie sich auf der Zunge zergehen lassen. Es kommt häufig vor, dass unter »AG« ein gemeinsamer Fernsehabend oder ein politischer Frühschoppen verstanden wird. Dem ist nicht so. »Arbeiten« bedeutet schweißtreibende Ertüchtigung, die Konzentration und Vorbereitung erfordert. Alle Treffen, bei denen Kaffee und Kuchen, Fußball oder die Trennung von der Freundin im Vordergrund stehen, sind keine AG- Treffen! Sie haben sich ja schon weiter oben mit dem Gedanken abfinden müssen, dass ihr Tagesablauf von nun an fast ausschließlich von Jura und der Examensvorbereitung bestimmt wird.

Zum anderen bedeutet das Element der »Gemeinschaft«, dass etwas **gemeinsam** erarbeitet wird. Es hat also weder Sinn, den Kollegen weiterführende Argumente vorzuenthalten, noch die inhaltliche Auseinandersetzung mit Argumenten der Kollegen zu meiden oder sich gedanklich (auch nur zeitweise) zurückzulehnen. Wer sich hinter diesen beiden Grundbegriffen nur »verstecken« und sie zur Beruhigung des schlechten Gewissens ausnutzen möchte, hat nichts gewonnen.

Das Wichtigste an der AG ist, sie als das zu begreifen, was sie dem jeweiligen Zweck entsprechend sein und leisten soll, und sie als das auch ernst zu nehmen. Diese selbstverständlichen Hinweise können gar nicht oft genug wiederholt werden. Der Entschluss, eine AG zu gründen oder einer beizutreten, sollte schon mit der gedanklichen Vorüberlegung verbunden sein, ob Sie tatsächlich bereit sind, **gemeinsam** zu **arbeiten**. Diese vorhergehende Selbstreflexion ist der erste Schritt zum »ja, ich will«. Und nur, wer es wirklich will, kann die AG hundertprozentig für seine Zwecke nutzen – und zwar so, dass es nichts zu bereuen gibt.

43

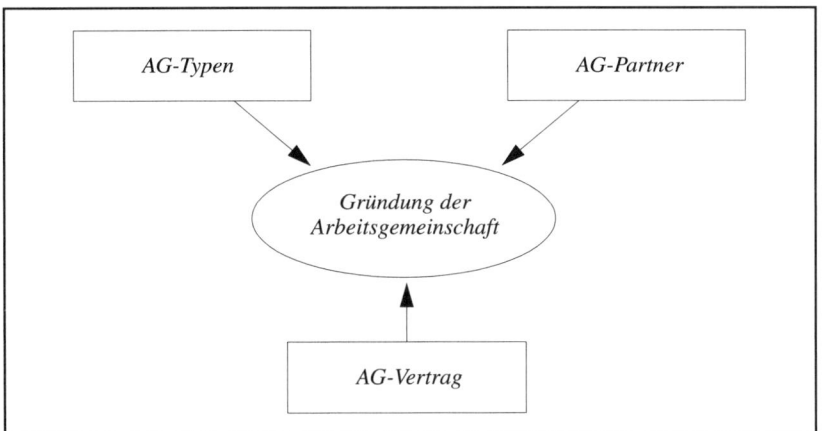

Abbildung 6

2.2.1 Die AG-Typen

Es ist nicht leicht, eine AG zu gründen. Schließlich gilt es, die abstrakten **44**
Begriffe »arbeiten« und »gemeinsam« mit konkreten Inhalten zu füllen.
Dafür ist es erforderlich, dass Sie sich darüber klar werden, **auf welche
Weise** Sie miteinander arbeiten möchten und **mit wem** Sie sich dies vor-
stellen könnten. Am Anfang der »Geburt« einer AG steht also die Ent-
scheidung über das »Wie«.

Grundsätzlich können zwei verschiedene AG-Typen unterschieden
werden. Hier werden sie im Folgenden mit dem »erlernenden« und dem
»anwendenden« Typus bezeichnet. Beides sind legitime Methoden der
Stofferfassung und Lernkontrolle.

Der »erlernende« Typus hat zum Ziel, den Stoff gemeinsam zu erfassen und in das Gedächtnis aufzunehmen. Man könnte es als eine Art
gemeinsamen Lernens bezeichnen. Der Schwerpunkt dieses Typs liegt
eindeutig auf der Aneignung theoretischen Wissens.

Die »anwendende« AG läuft im Sinne einer Simulation des Examens
ab. Es geht fast nur darum, bereits vorhandenes (und selbständig erlerntes) Wissen auf einen oder mehrere konkrete Fälle anzuwenden.

45 *Übung:*

*Überlegen Sie sich bitte zu beiden AG-Typen relevante Vorteile sowie Nachteile und entdecken Sie für sich, dass es sich bereits lohnt, einmal über alternative Vorbereitungsmethoden **nachzudenken.***

	Erarbeitende AG	Anwendende AG
Vorteile		
Nachteile		

46 Die **Vorteile** der erarbeitenden AG liegen in der gezielten Ergänzung des eigenen Wissenstandes durch das Verständnis der anderen. Problematische Sachverhalte können gegenseitig erläutert und ergänzt werden. Das Prinzip »acht Augen sehen mehr als zwei« funktioniert erst recht, wenn sich jeder Teilnehmer eine andere Quelle (Lehrbuch, Mitschrift aus der Vorlesung, Skript) vornimmt und den anderen erläutert, wie er das betreffende Problem nach seinen Unterlagen verstanden hat. Das schafft gewisse Zeitvorteile beim Lernen und minimiert das Risiko und die häufig unbegründete Angst, etwas zu übersehen. Außerdem macht gemeinsames Lernen mehr Spaß.

47 Wie Sie (hoffentlich) festgestellt haben, sind die **Nachteile** einer solchen AG leider erheblich. Um mit dem Zeitvorteil zu beginnen: Diese Zeitersparnis beim Lernen ist wieder dahin, wenn man sich klarmacht, dass das gemeinsame Erlernen von Stoffeinheiten mit demselben Tempo schlechterdings nicht möglich ist. Zu unterschiedlich ist in der Regel das Arbeitstempo. Auf diese Weise wird man sich bei jedem Stoffgebiet an das Tempo des Langsamsten anpassen müssen. Um Missverständnissen vorzubeugen: Das ist im Grunde nicht schlimm. Im Ergebnis ist jedoch keine Zeit gewonnen. Dazu besteht die Gefahr, ein wenig den Überblick zu verlieren. Wenn Sie gemeinsam lernen, können Sie sich pro Sitzung nur sehr kleine Stoffeinheiten vornehmen, so dass der Gesamtkontext vielleicht etwas verloren geht.

Außerdem müsste man sich mindestens jeden Tag einmal treffen, da in der Examensvorbereitung jeden Tag gelernt werden sollte. Wir sehen daher die Gefahr des zu intensiven Kontakts der Teilnehmer. Unter hohem Druck täglich gemeinsam zu lernen, erfordert eine fast roboterhafte Sozialdisziplin.

Das stärkste Argument, welches **gegen** die »erlernende« AG spricht, ist jedoch die große Entfernung zum Anforderungsprofil des Staatsexamens. Dort geht es schließlich keineswegs um die Wiedergabe erlernten Wissens. Das theoretische Wissen ist lediglich Grundlage für eine selbständige Erarbeitung des in der Regel völlig unbekannten Falles und die methodische Annäherung an eine praktisch wie dogmatisch vertretbare Lösung. Die AG kann ihre Stärken daher wesentlich besser ausspielen, wenn bereits dieses Anforderungsprofil, welches stärker auf der Methodik als auf der Theorie liegt, trainiert wird.

Da juristische Methodik nicht nur die Grundlage für ein erfolgreiches Examen, sondern auch für ein Bestehen im Beruf (ob das nun ein juristischer ist oder nicht) bedeutet, empfehlen wir nachdrücklich den zweiten Typus, den »anwendenden«. Dieser besteht aus einem **reinen Falltraining**. Das schließt nicht aus, dass der AG-Leiter hin und wieder vertiefende Fragen zum theoretischen und dogmatischen Hintergrund einfließen lassen kann und soll. Im Grunde sollten die Ausgangsvoraussetzungen jedoch möglichst nahe an die Examenssituation heranreichen. Das bedeutet, Sie werden zu einem konkreten Fall Stellung nehmen müssen, ob Sie den nun kennen oder nicht.

Zudem werden Sie feststellen – wir können nicht oft genug darauf hinweisen –, dass Sie selten in der Klausur einen bekannten Fall zu lösen haben werden. Gerade wenn der Fall unbekannt ist, bietet dies Gelegenheit – wie im richtigen Examen auch – Argumentationstechnik und Methodik zu trainieren. Erfolgreich ist im Examen nur, wer es schafft, sein fundiert erlerntes Wissen überzeugend auf einen Ihm unbekannten Fall anzuwenden.

Der zusätzliche **unschätzbare Vorteil** liegt darin, dass die Stoffanwendung auf den AG-Fall bereits die **erste Wiederholung** des Erlernten darstellt. Das liegt daran, dass der Stoff in der Vorbereitung bereits wesentlich früher gelernt wurde und schon im Gedächtnis gespeichert sein sollte. **48**

Außerdem wird das eigene Wissen auf einer gemeinsamen Plattform gezielt vertieft. Im Idealfall (und daran sollte man sich immer orientieren), kennt jeder Teilnehmer die gesamten theoretischen Hintergründe des Fallproblems, so dass jeder den Fall (im Geiste) mit lösen kann.

Vor diesem Hintergrund erscheint uns der einzige erhebliche **Nachteil** dieses Typs vernachlässigenswert. Dieser Nachteil besteht zugegebenermaßen darin, dass all die interessanten theoretischen und dogmatischen

Probleme und die üblicherweise in die Seminare verbannten brennenden Probleme unserer Disziplin, die diese erst zu einer echten Wissenschaft machen, etwas zu kurz kommen. Andererseits: Das Staatsexamen verlangt (leider) nicht nach Wissenschaftlern, sondern nach Praktikern. Im Examen ist kein Philosoph gefragt, sondern ein Handwerker. Ein Handwerker besteht die Meisterprüfung aber nur, wenn er mit seinen Werkzeugen umgehen kann.

Bei aller Präferenz, die wir der »anwendenden« AG einräumen, sollte eines nicht vergessen werden: Die Wahl des richtigen AG-Typs ist stark lerntypabhängig. Wer entgegen aller statistischen Aussagen tatsächlich ein auditiver Lerntyp ist, sollte wenn überhaupt vielleicht eher den »erlernenden« Typus wählen. Im Ergebnis wird sich wahrscheinlich ein Mischtyp als die beste Lösung herausstellen. Wie so eine AG ablaufen könnte und zweckmäßigerweise ablaufen sollte, wird im Kapitel 2.4. (unten Rn. 79) beschrieben.

49

	Anwendende AG	Erarbeitende AG
Vorteile	• Examensnah • Stoffanwendung dient erster Wiederholung des Erlernten • Vertiefung auf gemeinsamer Wissensplattform	• Gemeinsames Lernen macht mehr Spaß • Viele Augen sehen mehr als zwei • Zeitvorteile durch gegenseitiges Erläutern von problematischen Sachverhalten
Nachteile	• Theoretische Hintergründe kommen zu kurz	• Nicht sehr examensnah • Unterschiedliches Arbeitstempo • Gefahr des Verlustes des Gesamtzusammenhangs • U.U. zu intensiver Kontakt

Abbildung 7

2.2.2 Die AG-Partner

50 Auch der Auswahl der AG-Partner widmen wir hier ein eigenes Kapitel. Es hat sich als genauso wichtig erwiesen, in der Wahl der Partner sorgfältig auf vorherige Absprache Wert zu legen wie bei der Art und Weise des AG-Typus.

Übung: **51**

Schreiben Sie bitte alle Hindernisse und Probleme auf, die Ihnen zum Thema AG- Partnersuche einfallen.

Drei entscheidende Fragen sollten Sie bei der Gründung Ihres Teams klären:

1. Wer ist der richtige Partner/die richtige Partnerin für mich?
2. Wie viele sollten wir sein?
3. Wo finde ich sie/ihn?

Bei der Auswahl der AG-Partner kommt es wesentlich weniger auf die **52** Charaktere und Persönlichkeiten der Kollegen an, als man meinen möchte. Es erweist sich zwar als Vorteil, wenn alle dieselbe Persönlichkeitsstruktur aufweisen. Dies wird man in der Praxis jedoch nicht realisieren können (genauso wenig wie übrigens im Arbeitsleben). Wichtig ist zunächst nur, dass Motivation und Zielsetzung bei allen identisch sind.

Mit Motivation ist gemeint, dass allen klar sein sollte, was auf sie **53** zukommt. Jeder Teilnehmer sollte sich gründlich überlegt haben, ob er mit den anderen arbeiten möchte, ob er dabei bleibt und ob er bereit ist, andere mitzuziehen. Die Anforderungen, die jeder an sich selbst stellt, sollten den anderen als Beurteilungsgrundlage vorher mitgeteilt werden. Jemand, der die AG »so zum Spaß« oder »zur Probe« mitmachen möchte, verfolgt ein durchaus legitimes Interesse, passt aber nicht zu einer AG, die sofort die gemeinsame Examensvorbereitung aufnehmen möchte. Genauso wenig passt jemand, der morgens nicht aus dem Bett kommt, zu einer Frühaufstehertruppe, die schon um halb neun die erste Pause einlegt.

Unter Motivation ist nicht nur die Frage zu verstehen, wie viel Moti- **54** vation der Betreffende für die Arbeit in der Gruppe mitbringt, sondern auch, wie viel Motivation er für die Vorbereitung auf das Examen aufzubringen bereit ist. Es mag sein, dass jemand durchaus gerne und viel mit seinen Kollegen lernt, aber das Examen seinem aktuellen Job bei der örtlichen Zeitarbeitsfirma völlig unterordnet. Jemand, der als nächstes Ziel auf den Iron-Man auf Hawaii trainiert, passt auch bei guter Motivationslage vielleicht nicht ganz so gut ins »Team der Besessenen«. Man sollte sich stets offen und ehrlich mitteilen, welche Priorität die AG für den Einzelnen hat. Dies ist nicht nur fair gegenüber den anderen, sondern hilft auch Konflikte zu vermeiden, die später sehr lästig werden können.

Unter gemeinsamer Zielsetzung sind zunächst Dinge wie der äußere Rahmen zu verstehen: Ein gemeinsamer Examenszeitpunkt hat sich ebenso bewährt wie ein gemeinsamer Zielkorridor im Hinblick auf die Note. Eine AG, die sich das berühmte gemeinsame Ziel von »9 + x« (vollbefriedigend) setzt, wird anders an die Sache herangehen als die drei Berufssportler, die nur bestehen wollen, um »was in der Hand zu haben«, oder diejenigen, die von sich glauben, »ums Überleben zu kämpfen«. Damit ist nicht gesagt, dass es nicht legitim wäre, auch eine »Überlebenskampfgruppe« aufzumachen. Diese Gruppe wird es allerdings schwer haben, einen ehrgeizigen Bundesrichter in spe für sich zu gewinnen. Notwendig ist natürlich auch, sich auf den gleichen AG-Typ festzulegen.

Unter gemeinsamer Zielsetzung ist aber auch zu verstehen, dass man derselben Vorbereitungsmethode zu vertrauen bereit ist. Dazu gehört später, dem anderen, erst recht dem jeweiligen AG-Leiter, zu vertrauen und dessen Kompetenz anzuerkennen. Zuverlässigkeit und Kritikfähigkeit spielen in diesem Kontext eine große Rolle. Als nicht entscheidend hat sich die Frage der Vorkenntnisse erwiesen. Insbesondere die Scheinnoten sind keineswegs aussagekräftig und auch enorme Abweichungen sollten kein Hinderungsgrund für eine gemeinsame AG sein. Zum einen kommt es der Einschätzung der Fachkompetenz der Teilnehmer nicht entgegen, dass das juristische Ausbildungssystem streng genommen nicht die geringste Vergleichbarkeit zulässt. Zum anderen werden die Karten zu Beginn der Examensvorbereitung ohnehin neu gemischt. Jeder startet bei Null oder nahezu bei Null. Für das Staatsexamen hat ein 15-Punkte-Strafrechtsschein erfahrungsgemäß (leider) keinen messbaren Vorteil. Sie werden erstaunt sein, wie sich die Noten in den Examensklausurenkursen angleichen werden, wenn die Klausur einen Themenbereich behandelt, den die AG bereits »abgehakt« hat.

55 Was die Anzahl der Teilnehmer angeht, hat sich eine Gruppe von mindestens 3 und höchstens 5 Personen als ideal erwiesen. Das müssen nicht unbedingt gute Freunde sein. Man sollte sich darüber im Klaren sein, dass eine AG zwar eine Menge Zusammengehörigkeitsgefühl und dadurch ein großartiges Gefühl der Stärke und Gemeinsamkeit entstehen lässt. Gleichzeitig ist der intensive Kontakt, den man miteinander hat, aber auch teilweise belastend. Ein guter Rat scheint es uns daher zu sein, die AG nicht unbedingt mit dem gegenwärtigen Lebenspartner in Angriff zu nehmen. Kritikfähigkeit, Teamgeist und eine sachliche Arbeitsatmosphäre setzen eben auch ein gewisses Maß an Distanz voraus. Nur wer sich dem gewachsen fühlt, sollte seine Beziehung auf eine derartige Probe stellen. Uns liegen aber andererseits auch noch keine Erkenntnisse darüber vor, dass an einer AG tatsächlich Beziehungen gescheitert sind. Und letztlich sind **gegenseitige Achtung und Wert-**

schätzung doch immer wichtiger als sachliche Distanz. Wie immer entscheidet wahrscheinlich ein gesundes Mittelmaß über die Geeignetheit der Teilnehmer.

Eine Herausforderung, auf die wir in unseren Workshops immer wieder hingewiesen wurden, ist die Schwierigkeit, überhaupt einen AG-Partner zu finden. Dies ist unserer Meinung nach ein Scheinproblem. Häufig wird es nur als Vorwand verwendet, sich über eine Examensvorbereitung mittels einer AG keine Gedanken machen zu müssen. Motto: »Ich würde ja gerne, finde aber sowieso niemanden.« Zumindest ist es doch erstaunlich, wie viele Kollegen, die denselben Repetitor gebucht haben, hinterher zu einer Rep begleitenden AG zusammen finden. **56**

Wir möchten aber auch auf diese Bedenken eine Antwort geben: Die gezielte Ansprache eines Kommilitonen, den Sie im Studium bereits kennen gelernt haben, wirkt häufig Wunder. Notfalls überzeugen Sie ihn, geben ihm dieses Buch mit und machen ihm die Vorteile einer gemeinsamen Vorbereitung klar. Vielleicht kennt Ihr Kollege auch noch einen Dritten, der seinerseits jemanden kennt. Sprechen Sie bereits in der großen Übung Kommilitonen an. Gehen Sie auf jeden zu, mit dem **Sie** meinen arbeiten zu können.

Zu einem gemeinsamen »Informations- und Schnupperabend« bei einer Flasche Rotwein wird auch der Skeptiker erscheinen, wenn er sich für einen einigermaßen offenen Menschen hält. Nutzen Sie ein solches Treffen, zu dem **Sie** einladen, um andere zu überzeugen. Wenn Sie ein solches Treffen gut vorbereiten und ausreichend Bedenkzeit einräumen, wird sich mit Sicherheit jemand finden, der der nachvollziehbar besseren Vorbereitungsmethode ebenso **wie Sie** und **mit Ihnen** zu vertrauen bereit ist.

Verstecken Sie sich nicht vor der vermeintlichen Schwierigkeit, AG-Partner zu finden. Notfalls sprechen Sie Fremde in einer Informationsveranstaltung zur Examensvorbereitung an.

Auch die Fachschaft vermittelt im Idealfall AG-Partner. Zur Not müssen Sie selbst am schwarzen Brett auf sich aufmerksam machen. Geben Sie zumindest so lange nicht auf, wie Sie nicht alles versucht haben. Es wäre schade und eine Schande, wenn Ihre AG nur deshalb scheitert, weil Sie niemanden gefunden haben, der mit Ihnen zusammenarbeiten möchte.

Nehmen Sie daher den Zettel mit Hindernissen, ärgern Sie sich, dass Sie so viel Zeit auf die Zusammenstellung verwendet haben und fangen Sie an zu suchen. Auch später im Beruf sind Sie gefordert Probleme zu lösen, nicht Sie zu sammeln!

2.2.3 Der AG-Vertrag

57 Wenn sich eine Gruppe von Personen zu dem anspruchsvollen Ziel der gemeinsamen Examensvorbereitung zusammenfindet, dann sollte diese Zielsetzung eine gewisse Grundlage haben, die als Spielregel sowohl den gesamten äußeren Ablauf der AG als auch die innere Richtung beschreibt und festlegt. Wie immer man diesen »common sense« bezeichnen möchte, wir haben uns für den Begriff »AG-Vertrag« entschieden. Dies ist zwar kein Vertrag im rechtlichen Sinne. Er markiert aber die Bedeutung der gemeinsamen Zielsetzung und sorgt auch terminologisch dafür, dass sich alle Teilnehmer über die Bedeutung im Klaren sind. Es geht um wichtige verbindliche Abreden, wenn auch nicht im rechtlichen Sinne. An den Buchstaben des AG-Vertrags kann man sich festhalten in Tagen des Zweifels und der nachlassenden Motivation. Der AG-Vertrag dient auch dazu, ein gewisses Maß an Verantwortung zu wecken und zu unterstreichen, dass man z.B. nicht einfach »aussteigen« und die anderen sich selbst überlassen kann.

Mit dem AG-Vertrag kann von Anfang an festgestellt werden, ob in wichtigen Punkten Übereinstimmung besteht. Wenn während des Verlaufs der AG Schwierigkeiten auftreten, erleichtert ein AG-Vertrag ein sachliches Gespräch, da die entscheidenden Punkte und die eventuellen Sanktionen **vorher** verabredet wurden. Eine gut vorbereitete AG lässt dann Streit und größere Probleme gar nicht erst entstehen und sollte daher die folgenden Punkte vorher verabreden:

58

Checkliste AG-Vertrag

1. Möchten alle Teilnehmer die AG als alleiniges und ernsthaftes Mittel zur Examensvorbereitung nutzen?
   ☐ ja ☐ nein
2. Wie viele Teilnehmer soll die AG haben?
   ☐ drei ☐ vier ☐ fünf
3. Wer sind die Teilnehmer?
4. Wie viele AG-Sitzungen pro Woche?
   ☐ eine ☐ zwei ☐ drei ☐ Semesterwoche: zwei; Semesterferien: drei
5. Wie lange soll eine Sitzung netto (= ohne Pausen) dauern?
   ☐ zwei Std. ☐ drei Std. ☐ vier Std. ☐ fünf Std.
6. Welcher AG-Typus wird gewählt?
   ☐ erarbeitende AG ☐ anwendende AG

7. Wo soll die AG stattfinden?
   ☐ beim Leiter zu Hause ☐ in der Uni ☐ bei Teilnehmer x ☐ im Wechsel bei einem der Teilnehmer ☐ an wechselnden Orten ☐ sonstiges: _____
8. Welche gemeinsamen Ziele haben wir?
9. Wie viel Vorbereitungsaufwand sollte jeder einplanen?
10. Welche Folgen hat wiederholt schlechte Vorbereitung eines Teilnehmers?
11. Werden ausgefallene Stunden nachgeholt?
12. Wie wird mit Erkrankung umgegangen?
13. Welche Konsequenzen hat der Ausstieg eines Teilnehmers?
14. Wer übernimmt wann die Leitung der AG? Welche Rechte und Pflichten hat der AG-Leiter?
15. Wie geht die AG mit Kritik um? Wie häufig erteilt man sich Feedback?

Abbildung 8

Zumindest nach Beantwortung dieser Fragen sind Kommunikation und **59** Umgang miteinander hinreichend klar geregelt. Das größte Problem für Spannungen und Probleme ist entschärft, wenn sich alle an die Regeln halten. Zu Konflikten und der Notwendigkeit des Feedback, siehe unten Kapitel 2.5.4 (Rn. 117).

Sie sollten den Vertrag auch dazu nutzen, sich in regelmäßigen Abständen strukturiertes Feedback zu geben. Gehen Sie anfangs alle acht Wochen die Regeln Ihres Vertrags durch. Jedes Teammitglied bewertet die Einhaltung der Regeln auf einer Schulnoten-Skala von 1 – 6. Sammeln Sie anschließend die Ergebnisse und vereinbaren Sie gegebenenfalls Verbesserungsmöglichkeiten.

So, jetzt kann man sich dem Fachlichen widmen und von den zahlreichen Vorteilen der AG profitieren.

2.3 Der AG-Plan

Der AG-Plan ist einem Stundenplan vergleichbar. Er begleitet die Teil- **60** nehmer bis zum Examen und regelt das Juraleben tagesaktuell und so konkret wie möglich. Nur vier Schritte benötigen Sie, um den für Sie passenden AG-Plan zu erstellen.

61

Abbildung 9

62 Die Examensvorbereitung wird von zwei wichtigen Prinzipien beherrscht, die von den Juristenausbildungsgesetzen der Länder vorgegeben sind und in der einen oder anderen Ausprägung auch das Konzept der Repetitorien bestimmen. Diese Prinzipien lauten »**Falllösung**« und »**Vollständigkeit**«.

63 Das Prinzip der Falllösung ergibt sich meist direkt aus den Ausbildungsbestimmungen, in denen es häufig heißt, dass der Jurist im Referendarexamen in der Lage sein soll, einen Sachverhalt durch Beantwortung von Rechtsfragen einer vertretbaren Lösung zuzuführen. Ganz selten und nur wenige Prüfungsordnungen (z.B. Hamburg) sehen wissenschaftliche Prüfungsaufgaben vor oder solche, in denen auch philosophische und geschichtliche (also eher theoretische) Kenntnisse mit abgefragt werden können (z.B. Schleswig-Holstein).

---

9 + X: Unsere Empfehlung lautet: Durchaus alles behandeln, aber die richtigen Schwerpunkte setzen. Dass Spiel und Wette im Zivilrecht, Umweltdelikte im Strafrecht und Beamtenrecht im Öffentlichen Recht wesentlich weniger wichtig sind als Unmöglichkeit, Betrug und Baurecht, versteht sich von selbst. Was kann es aber schaden, wenigstens einmal einen kurzen Fall zur Wette bearbeitet zu haben? Das verleiht enorme Sicherheit. Sie sind dann wirklich auf alles vorbereitet, so dass Überraschungen ob eines völlig unbekannten Rechtsinstituts im Examen ausbleiben. Wer sich fünf Minuten mit den exotischen Randgebieten der

Rechtswissenschaft beschäftigt, hat damit mehr gewonnen als er erspart, wenn er diese Gebiete ausläßt. Es dürfte klar sein, dass das Erste Staatsexamen nicht den materiellen Schwerpunkt einer BGB-Klausur im prozessualen Drittwiderspruchsverfahren setzt. Derjenige, der dieses Verfahren einmal durchgesprochen hat, findet aber viel leichter den Einstieg. Darunter darf natürlich nicht der wichtige Stoff der ersten drei Bücher des BGB leiden.

Die Veränderungen der Prüfungsordnungen durch die Ausbildungsreformen haben keine grundsätzlichen Auswirkungen auf Ihre AG. Das für das Erste Staatsexamen eingeführte universitäre Schwerpunktfach mit einer eigenen universitären Schwerpunktprüfung (vgl. § 5d DRiG bzw. §§ 26 ff. Baden-Württembergische JAPrO) lässt sich gut in die AG integrieren, s.o. Rn. 14a ff. Findet die Schwerpunktfachprüfung vor den schriftlichen Prüfungen statt, kann das Fach mit einer eigenen Schwerpunktfach-AG abgedeckt werden. Ist das Schwerpunktfach Teil der Abschlussklausuren, kann der Schwerpunkt in die Examens-AG einbezogen werden. In diesem Fall ist es vorteilhaft, dass die AG Teilnehmer den gleichen Schwerpunkt gewählt haben. Die verstärkte Anwaltsorientierung der Referendarzeit wird kurzfristig nur den Trend verstärken, anwaltliche Fragestellungen in den Klausuren abzufragen. Bücher mit derartigen Klausuren finden Sie schon jetzt im Anhang 3 (unten Rn. 219 ff.). Der Prüfungsstoff selbst wird sich auf absehbare Zeit dadurch nicht verändern; dem veränderten Fokus sollte aber Rechnung getragen werden. Nicht zur Warnung, sondern zur Veranschaulichung soll wiederum aus dem Jahresbericht 2005 des Bayerischen Landesjustizprüfungsamtes (www.justiz.bayern.de/ljpa) zitiert werden: **64**

»Sowohl in der Ersten als auch in der Zweiten Juristischen Staatsprüfung spielen dabei zunehmend Formen der gestaltenden und beratenden Rechtsanwendung, wie sie vornehmlich die Tätigkeit des Rechtsanwalts oder Notars prägen, eine Rolle. So waren etwa Gegenstand der schriftlichen Aufgaben der Ersten Juristischen Staatsprüfung wiederholt Gutachten zur vorausschauenden Beratung des Mandanten im Hinblick auf das weitere Vorgehen. In der Zweiten Juristischen Staatsprüfung betreffen die Aufgaben nicht nur Fragestellungen aus der Sicht des Richters, Staatsanwalts oder Verwaltungsbeamten; von den hier in den letzten 15 Terminen gestellten Klausuren beinhalteten durchschnittlich ca. 40 % Fragestellungen aus der Sicht des Rechtsanwalts bzw. Notars. Neben den abgeschlossenen Fall treten auch hier verstärkt Fragen aus dem Gebiet der Rechtsgestaltung«.

Das Prinzip der Vollständigkeit ergibt sich auch aus den Ausbildungsordnungen, wenngleich in eher versteckter Form: Wenn der Prüfungsstoff z.B. mit »die ersten drei Bücher des BGB« beschrieben wird, so ist darin das Stiftungsrecht oder die Novation vom Anforderungsinhalt zunächst nicht ausgenommen. Wenn es heißt »Grundsätze der Zivilpro- **65** zessordnung im Überblick« wird man lange darüber streiten können, was die Prüfungsordnung unter »Grundsätze« und »Überblick« versteht. Jedenfalls ergibt sich daraus mehr oder weniger deutlich ein Bedürfnis nach umfassender und vollständiger Vorbereitung. Gleichwohl stellt sich die Systemfrage: Wird in der AG alles behandelt oder unrealistisches ausgelassen? An dieser Stelle ist in der Tat einmal die klischeehafte Frage nach der »Examensrelevanz« angebracht.

Deutlich warnen möchten wir davor, sich auf die so genannten Ausnahmen in den Prüfungsordnungen zu verlassen. Dazu ein Beispiel: Bei genauem Studium des Pflichtfächerkatalogs in § 8 der Baden- Württembergischen JaPrO sind unter »Familienrecht« insbesondere 19 Paragrafen aufgeführt, mit dessen Inhalt man sich auseinander gesetzt haben sollte. Fahrlässig handelt, wer hier das Wörtchen »insbesondere« in einen ausschließlichen Katalog an Rechtsvorschriften umdeutet. Gerade z.B. das Abstammungsrecht bzw. das (vermeintliche) Recht des Kindes auf Informationen über seinen Vater, kann in Verbindung mit anderen Ansprüchen des Kindes gegen seine Mutter durchaus die in § 8 geforderten Bezüge zum bürgerlichen Vermögensrecht« betreffen (oder – in Bezug auf die eingeschränkten Beweismöglichkeiten des rechtlichen Vaters – gar Gegenstand einer öffentlich-rechtlichen Klausur werden, s. das dazu kürzlich veröffentlichte Urteil des Bundesverfassungsgerichts). Hier hilft entweder eine wörtlich genommene Auslegung des Vollständigkeitsprinzips oder eine Durchsicht der Examensklausuren der letzten Jahrzehnte (letztere ist im übrigen auch ansonsten sinnvoll!).

Ausgearbeitete Vorschläge für einen AG-Plan haben wir in den Anhängen 1 und 2 beigefügt. Achtung: Diese Pläne beziehen sich auf das Erste bzw. Zweite Staatsexamen in Baden-Württemberg. Die Pläne sollen nur eine musterhafte Hilfestellung sein, die als Ausgangsposition für einen eigenen AG-Plan dienen können.

---

66 Damit wären wir beim Prinzip der Falllösung. Es gibt verschiedene Herangehensweisen der AG an die Examensvorbereitung. Wir haben schon davon gesprochen, dass eine anwendende AG eher zu empfehlen ist als die erlernende. Daher stellt sich nun vorab die Frage, **wie** denn nun angewandt wird. Dabei sollte klar sein, dass Fälle gelöst werden. Dies kann auf verschiedene Weise geschehen. Kleine oder große Fälle, mündlich oder schriftlich gelöst, vorgetragen oder im Dialog bearbeitet. Dazu hat sich Folgendes bewährt:

Zunächst ist die komplette mündliche Falllösung die bessere Vorbereitung. Erstens kann der AG-Leiter schnell unterbrechen und bei abwegigen oder klar zu Tage liegenden Problemen schnell auf den Kern der Sache führen. So wird unnötiger Zeitverlust verhindert.

Zum anderen gilt: Was man mündlich lösen kann, kann man in der Regel auch in der Klausursituation niederschreiben. Umgekehrt gilt dies längst nicht immer. Die mündliche AG ist außerdem die optimale Vorbereitung auf die mündliche Prüfung, die an dieser Stelle natürlich noch wenig wichtig ist, aber später erfahrungsgemäß eben doch wieder Schwierigkeiten bereitet. Den AG-Genossen eine Streitposition zu erklären, die nicht uneingeschränkt geteilt wird, ist in der Regel anstrengender und unerbittlicher als die Befragung durch den Amtsrichter in der mündlichen Prüfung.

Der ausschlaggebende Grund, für eine mündliche Stoffdarstellung und Falllösung einzutreten, liegt aber in der Konzeption der AG: Die AG ist reine Wiederholung. Mitschreiben ist theoretisch also deshalb nicht nötig, da der Stoff bereits beherrscht wird. Wie oben dargestellt, liegt die theoretische Aneignung des Stoffes bereits zurück. In der AG soll nur die Anwendung trainiert werden. Mitschriften wiederum sind eher konservativ. Aus seiner Mitschrift lernt man nicht so viel, wie man aus der mündlichen Besprechung mit nach Hause nimmt. Es ist natürlich legitim, sich zu den Fällen Stichworte zu machen, damit bei der nächsten Wiederholung eine Selbstkontrolle überhaupt stattfinden kann.

Zuletzt sollte der Fall im Dialog gelöst werden und nicht vom AG-Leiter vorgetragen werden. Dabei kann es durchaus so sein, dass jeder einen eigenen Fall zu Ende löst oder aber vom nächsten abgelöst wird. Darauf wird im Kapitel 2.4. (unten Rn. 79 ff.) zurückzukommen sein.

Der erste Schritt, ein scheinbar unlösbares großes Problem anzuge- **67** hen, besteht in seiner Zerkleinerung in portionierbare Stücke. Der Stoff des Ersten Staatsexamens muss strukturiert und eingeteilt werden. Das Ergebnis dieses Teilungsvorgangs ist eine mathematisch genaue Zeitangabe, die sich auf ein inhaltliches Thema des Stoffumfangs bezieht. Am Ende dieses Abschnitts wissen Sie, wie viele AG-Sitzungen Sie z.B. für Zivilrecht zur Verfügung haben. Folgen Sie dem Schema auf der nächsten Seite!

Der erste Schritt, ein scheinbar unlösbares großes Problem anzugehen, besteht in seiner Zerkleinerung in portionierbare Stücke.

---

68 1. Schritt: Berechnung der zur Verfügung stehenden AG-Wochen

Am Anfang stellt sich die wichtigste aller Fragen: Wie viele Wochen habe ich Zeit bis zum Examenstermin?

Nehmen Sie dazu ihren Kalender. Sie wissen, wann sie starten wollen und wann sie sich den Examenstermin gesetzt haben. Wenn Sie also beispielsweise am 1. Mai mit der Vorbereitung beginnen wollen und Ende September des darauffolgenden Jahres die schriftliche Prüfung in Angriff nehmen wollen, dann stehen Ihnen insgesamt 72 Kalenderwochen zur Verfügung.

Natürlich werden Sie nicht 72 Wochen lang für das Examen lernen. Erholung und Wiederholung sind mindestens ebenso wichtig wie Lernen und Fälle lösen (siehe unten Kapitel 3, 137 ff.). Sie stellen sich also die Frage: Wie viele Wochen muss ich abziehen, um mich sinnvoll zu erholen und sinnvoll zu wiederholen?

69   **Anzahl der AG-Stunden**

Abbildung 10

Erfahrungsgemäß ist spätestens alle sechs bis acht Wochen eine größere Erholungsphase von mindestens einer Woche erforderlich. Dies um so mehr, als Sie nicht nur Ihre eigene Konzentration ständig auf hohem Niveau halten müssen, sondern auch intensiv mit anderen Personen und Persönlichkeiten zusammenarbeiten. Diese Zusammenarbeit kann – auch ohne dass Sie es sofort spüren – sehr belastend sein.

Wenn gegen Ende der AG-Zeit noch eine Wiederholungsphase zur selbständigen Vorbereitung angeschlossen werden soll, sind diese Wochen ebenfalls einzuplanen.

Wie Sie gleich feststellen werden, kommt bei eineinhalb Jahren Vorbereitungszeit leicht ein »netto« von nur knapp einem Jahr heraus. Wie kommen wir dazu? Sie gehen zum zweiten Schritt:

»9+x«: Es hat sich sehr bewährt, alle sechs Wochen für eine komplette Woche zu unterbrechen. Wenn Sie dies zugrunde legen, kommen Sie auf insgesamt 12 Wochen Erholungsurlaub. Ihnen bleiben dann nur noch 72 – 12 = 60 Wochen zur Vorbereitung.
Sie sollten nicht bis einen Tag vor dem Examen AG-Sitzungen abhalten. Planen Sie für die eigene Wiederholungsphase direkt vor dem Examen noch einmal 8 – 12 Wochen ein, die Sie jetzt in der Planung bereits abziehen sollten. Es bleiben also nur noch 60 – 8 = 52 Wochen übrig, in denen ohne weitere Ausnahme gelernt und gearbeitet wird.

---

2. Schritt: Berechnung der zur Verfügung stehenden AG-Sitzungen 70

Wie viele AG-Sitzungen möchten Sie veranstalten? Um diese Frage kommen Sie auch nicht herum, wenn Sie sich für eine andere Vorbereitungsmethode entscheiden. Auch bei der Auswahl des Repetitors müssen Sie wählen, ob Sie einmal, zweimal oder dreimal zur Veranstaltung gehen möchten oder sogar jeden Tag (sog. »Crash- Kurs«).

Bedenken Sie dabei, dass ein AG-Tag mindestens vier Zeitstunden in Anspruch nimmt. Inklusive »An- und Abreise« ist ein kompletter Vor- oder Nachmittag für andere Aktivitäten (Freizeit oder Lernen) dahin. Außerdem können Sie damit rechnen, nach der AG rechtschaffen »k.o.« zu sein, so dass Sie den Tag nicht wie sonst verplanen können. Berücksichtigung muss natürlich auch finden, wenn Sie – wovon wir eigentlich abraten – neben der Examensvorbereitung noch mit dem Schwerpunktfach beschäftigt sind.

»9+x«: Wir empfehlen, während des Semesters nicht mehr als zwei und in der vorlesungsfreien Zeit drei Sitzungen abzuhalten. Während des Semesters ist generell mehr los; neben lohnenswerten Vorlesungs-

veranstaltungen (z.B. spezielle Kurse zur Examensvorbereitung, Klausurenkurse) bieten sich auch überproportional viele Freizeitaktivitäten an. Vernünftige Planung verhindert da ein Eremitendasein in der Vorbereitungszeit.

Indem Sie die AG-Sitzungen abgezählt haben, zu denen Sie sich treffen möchten (z.B. in den 52 Wochen in insgesamt 34 Semesterwochen zu 68 Sitzungen und in insgesamt 18 Semesterferienwochen zu 54 Sitzungen), haben Sie die **Gesamtzahl** der AG-Sitzungen ermittelt, die Ihnen bis zum Examen zur Verfügung stehen (im Beispiel: 122). Es folgt der

71 3. Schritt: Berechnung der pro Rechtsgebiet zur Verfügung stehenden AG-Sitzungen

Im letzten Schritt finden Sie die pro Rechtsgebiet zur Verfügung stehende Anzahl der AG-Sitzungen heraus. Diese prägt Ihre Examensvorbereitung maßgeblich. Legen Sie ihr daher zwei Aspekte zu Grunde:

Zum einen sollten Sie die Anzahl der pro Rechtsgebiet zu schreibenden Klausuren berücksichtigen. In der Regel liegt der Schwerpunkt auf dem Zivilrecht, im Strafrecht werden meist die wenigsten Klausuren geschrieben. Durch die Einführung der Schwerpunktprüfung wird z.B. in Baden-Württemberg nur noch eine Strafrechtsklausur geschrieben. Für den einen oder anderen mag Strafrecht deshalb kaum Bedeutung haben, das Öffentliche Recht aufgrund des selbst gewählten Wahlfachs (Beispiel: Berlin oder Rheinland-Pfalz) oder einer gewichtigen Examenshausarbeit (Beispiel: Hessen) aber um so mehr, vielleicht sogar mehr als Zivilrecht (Beispiel: Berlin). Schauen Sie doch einfach in Ihrer Prüfungsordnung nach – dort sind die »Spielregeln« Ihres Bundeslandes genau beschrieben.

Zum anderen müssen Sie sich entscheiden, wie umfangreich Sie den Stoff bearbeiten wollen. Möchten Sie alle Gebiete abdecken, möchten Sie sich auf die Hauptgebiete (z.B. BGB Buch 1 – 3) beschränken oder möchten Sie gar nur zu ausgewählten Gebieten eine AG abhalten (z.B. BauR, PolR und KommR)? Diese Systementscheidung kann Ihnen keiner abnehmen, wir empfehlen aber eine vollständige Behandlung des Stoffes.

»9+x«: Nach dieser Analyse bieten sich nur zwei sinnvolle
Gewichtungen an. BGB:StrR:ÖR im Verhältnis 2:1:1 oder 3:2:2. Wer
eine andere Analyse (z.B., weil er Strafrecht untergewichten möchte,
3:1:2 o.ä.) vornimmt, gelangt selbstverständlich zu anderen
Ergebnissen.
Wenn Sie also 122 AG-Sitzungen im Verhältnis 2 (Zivilrecht) : 1
(Strafrecht) : 1 (Öffentliches Recht) gewichten, dann kommen Sie auf
etwa 61 Sitzungen Zivilrecht, 30 Sitzungen Strafrecht und 31 Sitzungen
Öffentliches Recht. Entsprechend gelangen Sie zu ungefähr 54 Sitzungen
Zivilrecht, 34 Sitzungen Strafrecht und 34 Sitzungen Öffentliches Recht,
*wenn Sie im Verhältnis 3:2:2 gewichten. **Randbemerkung:** Die deutliche*
Zurückstufung des Strafrechts könnte dazu verleiten, das Strafrecht
weniger stark zu gewichten. Allerdings halten wir es für schwierig, das
Strafrecht deutlich unter ein Pensum von 25 Stunden zu drücken. Dazu
ist der Stoff zu umfangreich. Zudem liegt der große Schein im Strafrecht
zu Beginn der Examensvorbereitung in der Regel am Längsten zurück.
Falls Sie dennoch das Strafrecht »untergewichten« wollen, bleibt Ihnen
unserer Auffassung nach nichts anderes übrig, als im Strafrecht
Schwerpunkte zu bilden und Teilbereiche völlig auszulassen.

Ergebnis: Sie wissen nun mathematisch genau, wie viele AG-Sitzungen
Sie für die drei großen Rechtsgebiete zur Verfügung haben.

Die Strukturierung des Stoffes übernimmt bei fast jeder anderen **72**
Vorbereitungsmethode ein Fremder, ein Repetitor etwa oder der Tutor im
Examenskurs für Sie. Das erscheint zwar auf den ersten Blick bequem,
ist jedoch sehr schade – denn diese Feineinteilung hat einen unschätzba-
ren Lehrwert, der vielfach leider verloren geht. Wir werden Ihnen zeigen, wie man bereits vor der ersten Bibliotheksstunde ohne weiteren
Aufwand allein aus der Stoffstrukturierung Kapital schlägt.

So umfangreich der Stoff auch sein mag, man kann ihn ganz einfach
in drei Ebenen der Detailtiefe einteilen:

73   **Ebenen der Vorbereitung**

74 Ebene 1

Haben Sie auch das Gefühl, dass der Stoff endlos ist? Unüberschaubar und übermächtig in seiner Masse? Dann sind Sie weder allein noch verloren. Allein sind Sie deshalb nicht, weil unter dem »Berg Examensstoff« mindestens jeder zweite Ihrer Kommilitonen leidet. Verloren sind Sie deshalb nicht, weil **allein Sie** das Rüstzeug dazu haben, den Berg in passierbare Tagestouren einzuteilen. Der Repetitor führt Sie immer nur bis zur nächsten Biegung; er zeigt Ihnen manche Gletscherspalte und manche Abkürzung, aber in der Regel vermittelt er nie das Gefühl, dass **Sie** diesen Berg im Griff haben. Seien Sie Ihr eigener Sherpa und probieren Sie jetzt und hier folgendes aus:

---

75 *Übung:*

*Nehmen Sie sich die Zeit und teilen Sie den Examensstoff aus dem Kopf in gängige Unterabschnitte. Achten Sie dabei auf Vollständigkeit, indem Sie dann (und zwar **erst jetzt**) mehrere Lehrbücher zu den drei großen Rechtsgebieten zur Hand nehmen. Komplettieren Sie Ihre Liste, falls erforderlich!*

Zivilrecht	Strafrecht	Öffentliches Recht
————————	————————	————————
————————	————————	————————
————————	————————	————————
————————	————————	————————
————————	————————	————————
————————	————————	————————
————————	————————	————————
————————	————————	————————

(Auflösung: Plan für das Erste Staatsexamen, unten Rn. 213 ff.)

Sehen Sie, Sie schütteln diese Einteilung aus dem Ärmel. Wir garantieren Ihnen, dass es für viele Leser das erste Mal überhaupt ist, den gesamten Examensstoff mal im Zusammenhang niederzuschreiben. Wer sich über diese Einteilung aber nur ungefähr bzw. diffus im Klaren ist, wird die Angst, etwas zu vergessen oder den Überblick zu verlieren, niemals los. Bevor der Überblick verloren geht, muss er doch logischerweise zunächst einmal **gewonnen** werden. Das haben Sie jetzt auf einer noch relativ groben Ebene getan.

Diese Einteilung, die wir Ebene 1 nennen, folgt logischen Kriterien: **76** In der Regel sind diese Unterabschnitte in sich abgeschlossen und werden von sämtlichen maßgeblichen Lehrbüchern oder Skripten im Zusammenhang bearbeitet. Es ist daher zweckmäßig, sich an diese Einteilung zu halten.

Sie werden feststellen: Der Stoff ist auch auf der Ebene 1 endlich und überschaubar! Seine Einteilung folgt gewissen Kriterien, die nachvollziehbar sind.

Solange Sie Schwierigkeiten haben, alle Rechtsgebiete aus dem Kopf niederzuschreiben, dürfen Sie gerne und umfangreich Lehrbücher konsultieren. So gründlich haben Sie sich unter Umständen noch nie mit dem Inhalt von Lehrbüchern beschäftigt.

77 Ebene 2

Nehmen Sie sich nun ein Teilrechtsgebiet heraus. Versuchen Sie z.B. das gesamte Schuldrecht-AT allein anhand eines von Ihnen zu wählenden (vorhandenen) Lehrbuchs zu strukturieren! Sie werden schnell erkennen, dass auch hier wieder eine Struktur und damit eine gewisse Gewichtung vorgegeben ist.

Wenn Ihnen der Stoff inhaltlich nichts sagt, können Sie sich sogar an den Seitenzahlen orientieren, die der Autor dem Kapitel widmet. Schauen Sie gleich einmal nach, wie das Verhältnis von »Novation« zu »Unmöglichkeit« bei **Medicus** Schuldrecht aussieht! Setzen Sie sich auseinander mit der gewählten Aufteilung. Warum unterteilt **Medicus** in die Begründung, den Inhalt und die Beendigung von Schuldverhältnissen? Und was spricht dagegen, es genauso zu machen? Nichts, denn Medicus folgt damit weitgehend dem Aufbau des BGB! Im Gegenteil: Man gewinnt einen gewaltigen **Überblick** über den zu beherrschenden Stoff. Sie alleine strukturieren mit Hilfe von Lehrmaterialien den Stoff. Schon anhand des Inhaltsverzeichnisses können Sie erkennen, dass z.B. die Aufrechnung ein Erfüllungssurrogat ist.

Diese Strukturierung ist bereits zu diesem Zeitpunkt von unschätzbarem Wert. Nur Strukturwissen hilft im Examen. Wenn man sich den Stoff also selbst einteilt, ist die erste große Hürde schon einmal genommen, der erste unbedingte Vorteil drängt sich geradezu auf: Man gewinnt Strukturverständnis und Überblick. Eine nette Begleiterscheinung ist das Gefühl, dass der Stoff eben nicht unendlich und unbegrenzt ist, sondern dass er sich als endlich und begrenzt darstellen lässt. Das beruhigt und ist schon der erste Schritt zur erfolgreichen Vorbereitung.

Auf dieser Ebene findet auch die Gewichtung der Teilrechtsgebiete anhand Ihrer AG-Sitzungen statt: Sie müssen nun Ihre in unserem Fall zur Verfügung stehenden 61 Zivilrechtssitzungen auf die Teilrechtsgebiete aufteilen. Dabei sollte klar sein (Prüfungsordnung!), dass Familien- und Erbrecht zusammen nicht halb so wichtig sind wie z.B. das Schuldrecht BT. Für das gesamte Schuldrecht-AT z.B. benötigen Sie nicht mehr als 10 Sitzungen. Arbeitsrecht z.B. ist unter mindestens 2 Sitzungen nicht zu erledigen. Eine Übersicht über eine ausgewogene Gewichtung finden Sie in Anhang 1 (Unser Muster-AG-Plan für das Erste Staatsexamen, unten Rn. 213 ff.). Versuchen Sie es jedoch zunächst selbst! Vielleicht benötigen Sie in Ihrem Bundesland gar kein IPR oder kein Strafprozessrecht.

Ebene 3

Auf einer dritten Ebene entsteht der eigentliche AG-Stundenplan. Benennen Sie das jeweilige Thema der einzelnen Sitzung, etwa »Entstehung von Schuldverhältnissen« und nehmen Sie detailliert in den Plan auf, was in dieser Sitzung dazu behandelt werden muss. Hinein gehören z.B. die Abgrenzungslehren zum Gefälligkeitsverhältnis, die Fallgruppen des Kontrahierungszwangs und das Recht der allgemeinen Geschäftsbedingungen.

Erscheint Ihnen ein Thema so groß, dass es zwei oder mehr Sitzungen erfordert (z.B. Kaufrecht), so ist dies entsprechend zu vermerken.

Dies ist die feinste Abstimmung, die Sie von vornherein wählen können. Mehr können Sie vorher nicht leisten. Es ergibt sich aber während der Vorbereitungszeit genügend Spielraum, AG-Sitzungen zusammenzulegen oder eine weitere Einheit zu einem Thema aufzunehmen. Wichtig ist für den Moment vor allem das Gerüst. Wichtig ist auch, dass **Sie** sich **selbst** einmal mit der Stoffeinteilung und -struktur auseinandergesetzt haben. Sie dürfen sich den Plan danach ruhig über den Schreibtisch hängen. Es ist beruhigend, wie endlich der Stoff auf einmal aussieht, wenn er nur genügend handlich portioniert wurde. Und: Sie können Woche für Woche etwas »abhaken«, Ihren wachsenden Kenntnisstand »visualisieren«. So ein AG-Plan ist rundum eine tolle Sache.

Bevor dazu übergegangen werden kann, die einzelne AG-Sitzung zu durchdenken, sind noch weitere banale Dinge festzulegen: Wichtig ist die Dauer der einzelnen Sitzung. Erfahrungsgemäß lässt die Konzentration nach spätestens eineinhalb bis zwei Stunden erheblich nach. Ebenso deutlich zeigt die Erfahrung, dass sich nach nur eineinhalb bis zwei AG-Stunden noch nicht das befriedigende Gefühl einstellt, etwas geschafft zu haben. Naheliegend ist es daher, eine Sitzung auf drei bis dreieinhalb Stunden anzusetzen. Das entspricht einem kompletten Nachmittag oder Vormittag. Trotz einer 15 – 30 minütigen Pause ist dann der Tag noch nicht »kaputt«. Ob man sich vormittags oder nachmittags trifft, ist reine Frage des Geschmacks und der Termin-Logistik.

Die einzelne AG-Sitzung sollte in ihrem Ablauf vorher festgelegt sein. Von allen Teilnehmern sollte derjenige der Leiter sein, der die Fälle heraussucht, also das »Herrschaftswissen« hat und die Falllösungen kennt, während sich die anderen »nur« theoretisch vorbereiten. Der Job des AG-Leiters wechselt natürlich im Turnus. Bezüglich des Veranstaltungsorts hat sich bewährt, die AG dort stattfinden zu lassen, wo der Leiter wohnt (der hat dann auch für Kaffee und Kekse zu sorgen). Wenn das aus räumlichen Gründen nicht möglich sein sollte, findet sich bestimmt auch in der Uni ein Plätzchen, womöglich mit Hilfe und Unterstützung der Fachschaft oder von Professoren. Wichtig ist, dass die AG an einem Ort stattfindet, wo jeder Teilnehmer sich wohl fühlt, wo die Ablenkung niedrig ist und konzentriertes Arbeiten auch im Hinblick auf ein gewisses Platzangebot möglich ist.

Wenn man so weit ist, kann es eigentlich losgehen.

2.4 Die Durchführung der AG

2.4.1 Die Vorbereitung der AG-Sitzung als Teilnehmer

79 Es gibt keine Sonderregeln, wie man sich als Teilnehmer auf eine AG-Sitzung vorbereitet. Das Allerwichtigste ist natürlich, sich **überhaupt** vorzubereiten. Wenn Sie erkennen, mit dem Stoff bis zur AG nicht durchzukommen, sollten Sie rechtzeitig bei den anderen nachfragen. Denen wird es nämlich in der Regel auch so gehen, so dass unter Umständen Korrekturen am AG-Plan fällig sind.

Im Grunde liegt es aber zumeist an einem selbst, ob man mit der Vorbereitung fertig wird. Dies ist letztlich einzig und allein eine Prioritätenfrage. Es ist klar, dass in der Examensvorbereitung sehr viel und sehr hart gearbeitet werden muss. Wer also bis 10 Uhr ausgeschlafen hat und mittags noch ein Stündchen Sport getrieben hat, der muss eben abends um so länger am Schreibtisch sitzen. Eigentlich sollte es in der Examensvorbereitung ohnehin heißen: **Jura, Jura und nochmals Jura**. Das ist bitter, für ein gutes Examen aber unvermeidbar.

80 Zur zeitlichen Abfolge ist zu sagen, dass es natürlich wesentlich weniger effektiv ist, wenn der in der AG zu behandelnde Stoff erst wenige Tage vor der Sitzung gelernt wurde oder gar erst am Vorabend. Im Idealfall beginnt die theoretische Vorbereitung bis zu vier Wochen vor der ersten Sitzung(!). So können Sie die Vorbereitung der AG-Einheiten abschließen, lange bevor die dazugehörige Sitzung stattfindet. Wir empfehlen den Abschluss der Vorbereitung der Lerneinheit mindestens drei Wochen vor dem geplanten AG Termin. Auf ein konkretes Thema bezogen, liegt Erlernen und Anwenden also zeitlich stark versetzt. Nur so setzt sich der Stoff ab. Während der AG-Stunde merken Sie dann, ob der Stoff »sitzt«. Lernen Sie den Stoff einen Tag vor dem zugehörigen AG-Termin, sind die Informationen noch im Kurzzeitgedächtnis und wahrscheinlich noch abrufbar. Die Kontrollwirkung der AG-Stunde entfällt! Sie werden erst während der Examensklausur merken, dass Sie den Stoff eben nicht richtig gelernt haben.

Vergessen Sie nicht: auch der Repetitor entbindet Sie grundsätzlich nicht von der eigenen Lern- und Vorarbeit, unsere Erfahrung ist aber, dass man nicht motiviert genug ist, dies auch zu leben. Wir garantieren

Ihnen aber, dass die AG Sie ausreichend anspornt. Zum einen werden Sie ihre AG-Kameraden nicht im Stich lassen wollen, zum anderen können Sie in einer AG nicht wie beim Repetitor mit Ihrem Unwissen untertauchen – dazu kommen Sie viel zu häufig mit der Falllösung dran. Diese zusätzliche Motivation ist eine der Stärken der AG: dadurch wird die AG **erstes Anwendungstraining** und **erste echte Wiederholung**. Vergessen Sie nicht, während der Repetitor für ihre Kommilitonen den Stoff ein erstes Mal aufbereitet, wiederholen Sie ihn bereits zum ersten Mal!

Frühzeitige Vorbereitung des Stoffes ermöglicht die AG-Sitzung als Anwendungstraining und erste echte Wiederholung zu nutzen – ein unschlagbarer Vorteil gegenüber dem Repetitorium.

Ein weiterer Hinweis sollte beherzigt werden. Es dauert nicht lange, da **81** kennt man seine Kollegen und weiß, aus welchen Büchern/Skripten diese ihre Fälle zu kopieren pflegen. Es ist natürlich nicht Sinn der Sache, sich vorher genau diese Fälle anzuschauen und dann in der AG-Sitzung die Lösung auswendig zu kennen. Zum einen merken die anderen (vor allem der Leiter) es sofort, zum anderen ist die AG nicht das richtige Vorbereitungsmittel zum Selbstbetrug. Eine theoretische Vorbildung ist absolut ausreichend. Statt die Fälle schon in der Vorbereitung auf die AG heranzuziehen, sollte man lieber in der Sitzung konzentriert mitarbeiten. Dann gelingt es einem viel eher, sich selbst einzuschätzen. Außerdem können Lücken dann besser und effektiver durch Nacharbeit geschlossen werden.

2.4.2 Die Vorbereitung der AG-Sitzung als Leiter

Der AG-Leiter ist verantwortlich für einen geregelten Ablauf der AG. Er **82** ist nicht etwa besser vorbereitet als die anderen Teilnehmer (schlechter allerdings schon gar nicht), sondern hat lediglich die verantwortungsvolle Aufgabe, das Material zusammenzutragen, also im Wesentlichen die zu lösenden Fälle. Vorbereiten heißt, dass es einen Verantwortlichen gibt, der die Fälle auswählt, kopiert und verstanden hat; jemanden mit Lösungsskizze, der sich mit den Fällen auseinandergesetzt hat.

Wenn wir hier von einem Verantwortlichen sprechen, so ist damit natürlich nicht gemeint, dass dieser auch dafür verantwortlich ist, das Thema an den Mann zu bringen. Dies wäre ein grundsätzlich anderer AG-Typ, bei dem man gewissermaßen jede Sitzung einen neuen Privat-

Repetitor einstellt. Unsere AG geht davon aus, dass das Thema von allen gleich gut vorbereitet wurde.

Dabei steht der AG-Leiter allerdings in der Pflicht, nichts zu vergessen und richtig zu gewichten. Diese Hauptaufgabe klingt auf den ersten Blick abschreckend und überfordernd. Woher soll der AG-Leiter wissen, welche Fälle sich eignen? Woher soll er wissen, ob er etwas vergessen hat? Nun, zur Verantwortung, die der AG-Leiter verspüren sollte, nur soviel: Ein wenig Verantwortung stärkt das Selbstbewusstsein, macht den Leiter zu einem mündigen Studenten statt zu einem geduldigen Konsumenten und ist leichter zu schultern, als man zunächst denkt.

Die Gefahr, etwas zu vergessen, ist derart minimal, dass man sie getrost vernachlässigen kann. Zum einen haben sich die anderen Teilnehmer auch vorbereitet und kennen den Stoff zumindest theoretisch. Zum anderen ist es gar nicht erforderlich, jede erdenkliche Fallgestaltung zu einem Problem durchgesprochen zu haben. In der AG wird das überlebenswichtige Strukturwissen trainiert, nicht aber versucht, eine Vielzahl möglicher Fallgestaltungen abzudecken und auswendig zu lernen.

83 Allerdings ist die Aufgabe des AG-Leiters zeitaufwändig. Zunächst muss er seine eigene theoretische Vorbereitung abschließen. Dann benötigt er in der Regel noch ein bis zwei Tage Zeit, sich Fälle zusammenzusuchen. Diese Fälle findet man in Skripten, Lehrbüchern, spezieller Ausbildungsliteratur, Zeitschriften etc. Eine Zusammenstellung guter Fallsammlungen finden Sie im Anhang 3 (unten Rn. 219 ff.). Diese Fälle müssen gesichtet und im Idealfall kurz durchgelöst werden, unter Umständen unter Zuhilfenahme der Lösungsskizze. Bei einem Überangebot hat der AG-Leiter eine Auswahl zu treffen. Fälle, die sich in wirklich jeder Veröffentlichung zu dem betreffenden Thema finden, müssen aufgenommen werden, Abseitiges kann weggelassen oder verkürzt werden.

Kann der AG-Leiter abschätzen, dass kein Fall wirklich weggelassen werden darf, muss er die entsprechende Sitzung in Absprache mit den anderen unter Umständen aufteilen bzw. abspecken. In der Regel kommt es allerdings eher vor, dass man nur sehr wenig geeignete Fälle findet. Im Verwaltungsprozessrecht oder Staatsorganisationsrecht ist dies zum Beispiel sehr schwierig. In solchen Fällen empfiehlt es sich, das Thema im AG-Plan weiter nach hinten zu verschieben. Gelangt man dann am Ende zum Verwaltungsprozessrecht, kann man Fälle nehmen, die materielle Probleme und **auch** prozessrechtliche Fragen zum Inhalt haben. Den materiellen Teil kann man dann elegant als Wiederholung mit abhaken. Zur Staatsorganisation könnte man sich z.B. damit behelfen, ausnahmsweise auch einmal einige theoretische Fragen aufzunehmen und durchzusprechen.

Um den zusätzlichen Aufwand gleichmäßig zu verteilen, sollten Sie **84**
die Rolle des AG-Leiters für jede Sitzung turnusmäßig wechseln.
Manchmal ist natürlich eine Blockbildung sinnvoll, um Überschneidungen zu vermeiden. Wenn also z.B. die Einheit »Täterschaft und Teilnahme« auf zwei Strafrechtssitzungen verteilt ist, diese Sitzungen aber eine
oder zwei Wochen auseinanderliegen, so ist es sinnvoll, den gesamten
Block einem Leiter zu überantworten. Unter Umständen kann auch auf
Vorlieben der Teilnehmer Rücksicht genommen werden, wobei der
Lerneffekt natürlich höher ist, wenn man sich nicht immer nur mit seinem Lieblingsthema beschäftigt (soweit es das überhaupt gibt).

Zur Gewichtung: Es hat sich bewährt, zum »Aufwärmen« zunächst **85**
mit einigen kleineren Fällen (z.B. aus der Reihe »Prüfe dein Wissen«)
zu beginnen und dann zum mittelgroßen Fall überzugehen, der einen
ganzen Themenkomplex zum Schwerpunkt hat. Vier oder fünf der mittelgroßen Fälle sollten in Bezug auf Länge und Schwierigkeitsgrad insgesamt eine Examensklausur abdecken.

»9+x«:Thema Examensfälle **86**

*Neben dem zwingend notwendigen Besuch des Examensklausurenkurses
müssen Sie nach einigen Monaten auch Originalexamensfälle in der AG
behandeln. Ein solcher Fall sollte aber aufgrund des ungleich größeren
Vorbereitungs- und Lösungsaufwands (immerhin im Ernstfall ca. fünf
Stunden!) eine AG-Sitzung vorher ausgegeben werden, so dass jeder
Teilnehmer eine grobe Gliederung anfertigen kann. Nur so kann eine
konstruktive Fallbesprechung sichergestellt werden. Der
Vorbereitungsaufwand sollte jedoch eine Stunde nicht überschreiten.
Ziel dieser Übung ist nicht das Ausformulieren oder das
Zeitmanagement während der fünf Stunden; dies ist Aufgabe des
Examensklausurenkurses. Durch die selbsterstellte Lösungsskizze
lernen Sie aber, den Aufbau und die Struktur einer Examensklausur zu
erkennen, und merken, ob Sie den erlernten Stoff auch in dem komplexen
Umfeld einer großen Klausur anwenden können. So erhalten Sie in Ihrer
AG den richtigen Mix aus kleinen, mittleren und großen Fällen.*

Der AG-Leiter sollte vor seiner Vorbereitungsaufgabe keine Angst
haben. Sie ist im Grunde bereits ein erheblicher Zugewinn an Erfahrung.
Unbewusst lernt man, den Stoff richtig zu erfassen und zu gewichten.
Auch dies ist bereits ein Gewinn an Wissen und Methode. Ist dem AG-
Leiter trotz vorhandener Lösungsskizze der Fall unklar, so wird er über-
dies dazu gezwungen, sich dennoch intensiv mit dem Fall zu beschäfti-

gen, notfalls mit Hilfe eines Professors. Keinesfalls kann sich der AG-Leiter darauf zurückziehen, die Lösung müsse richtig sein, »weil sie so in der Lösungsskizze steht«. Der Leiter sollte auf unangenehme und bohrende Fragen der Teilnehmer genauso vorbereitet sein wie die Teilnehmer selbst. Dadurch lernt auch der AG- Leiter eine Menge schon bei der Vorbereitung der Sitzung. Sie werden merken, nach wenigen Malen geht ihnen die AG-Vorbereitung locker von der Hand. Sie werden problemlos die richtigen Fälle in der richtigen Anzahl vorbereiten.

87   Trotz moderner Datenverarbeitung sollte sich der AG-Leiter rein technisch darauf einrichten, Papier, Klebstoff und Schere dabei zu haben, damit er die Fallbögen für die Kollegen aufbereiten kann. Wichtig für die Nacharbeit ist auch, an die kopierten Fälle jeweils die Fundstelle zu schreiben, damit man bei Interesse die Lösung nachschauen kann.

Der AG-Leiter hat während der Sitzung weitere Aufgaben, die im nächsten Abschnitt beschrieben werden.

88   **Checkliste: Die Vorbereitung der AG als Leiter:**

1. Vorbereiten des Lernstoffes (vgl. Teilnehmer)
2. Auswählen der Fälle
3. Kopieren der Fälle für die AG-Teilnehmer (Schere, Kleber und Kopierkarte nicht vergessen)

Abbildung 11

Eine Übersicht über die Aufgaben des AG-Leiters finden Sie am Ende dieses Abschnitts.

2.4.3 Der Ablauf der Sitzung

89 Während der Sitzung, die absolut pünktlich begonnen werden sollte, geht es in der Regel sofort los mit der ersten Falllösung. Der Reihe nach lässt der AG-Leiter die Teilnehmer die Fälle bearbeiten. Ihm kommt dabei die Aufgabe der Moderation zu. Er hat durch die Lösung zu führen, indem er schnell eingreift, sobald jemand auf der falschen Spur ist – und zwar unter der Erklärung, **warum** die Spur abwegig ist. Zum anderen hat er die Teilnehmer in Ruhe die Lösung finden zu lassen.

Der AG-Leiter darf ruhig ständig »warum?« fragen. Er hat auf einen sauberen Aufbau der Falllösung zu achten, stets richtig zu stellen, wenn unsauber subsumiert wird oder zu ungenau bzw. überflüssigerweise definiert wird. Der AG-Leiter richtet sein Augenmerk auch auf folgende Fragen: An welcher Stelle werden die einzelnen Punkte geprüft? Wie lauten die Tatbestandsvoraussetzungen? Bereits anhand des Aufbaus hat der AG-Leiter dafür zu sorgen, dass sich der typische Gutachtenstil auch bei einfachen Fallgestaltungen einprägt und in Fleisch und Blut übergeht.

Dies zu kontrollieren und zu fördern, ist die Aufgabe des AG-Leiters, **90** der ruhig sehr kritisch sein soll. Er müsste einen solchen unfruchtbaren Dialog viel früher in die richtige Bahn lenken, etwa:

AG-Leiter: »Der T schubst den O vom fahrenden Moped, so dass der sich alle Knochen bricht. Strafbar?«

Teilnehmer 1: »Äh, Körperverletzung: plus ...

AG-Leiter: »OK, Sekunde, mit welchem Delikt startest du genau? Kannst du mir Norm, Obersatz und die entsprechenden Definitionen sagen?«

Teilnehmer 1: »Ach so, ja. Der T könnte sich wegen Körperverletzung strafbar gemacht haben, § 223 StGB«. Dazu müsste er ...

AG-Leiter: »Ist das hier wirklich problematisch?«

Teilnehmer 2: »Nein, man kann gleich mit der gefährlichen KV beginnen, da die KV als solche unproblematisch ist.«

AG-Leiter: »Genau, nur so verhindert man, dass der Korrektor sich beim Lesen langweilt – und dafür gibt es keine Punkte. Wie würde man dann beginnen?«

Teilnehmer 1: »Der T könnte sich wegen gefährlicher KV gem. §§ 223, 224 StGB strafbar gemacht haben. Dazu müsste ...«

Ganz wichtig ist es, bei unklaren oder oberflächlichen Äußerungen **91** nachzufragen. In der AG gilt vor allem die schlüssige Argumentation. Der AG-Leiter hat die anderen dazu anzuhalten, juristisch zu **argumentieren**. Dabei kann ruhig ein Streitgespräch entstehen. Sobald dies indes unproduktiv wird und für die Fallbearbeitung nichts Argumentatives mehr bringt, hat der AG-Leiter abzubrechen und das Gespräch wieder auf den Fall zu lenken. Wichtig ist auch, dass alle Teilnehmer gleichmäßig an die Reihe kommen und dass ein gewisses Leistungsgefälle nicht auch noch unterstützt wird, indem »der Beste« immer »die schwersten« Fälle bekommt.

Während einer der Teilnehmer einen Fall löst, sollten die anderen konzentriert zuhören und sich unter Umständen unter Beachtung der Höflichkeitsregeln einschalten, sobald sie anderer Auffassung sind oder eine Argumentation nicht nachvollziehen können.

92 Vergessen Sie nicht, sich bereits jetzt die Nachbereitung des Stoffes zu erleichtern. Kontrollieren Sie, ob Sie am Ende der Sitzung in der Lage sind, die Fälle noch einmal durchzugehen und (zumindest gedanklich) zu wissen, »das kann ich« bzw. »das kann ich noch nicht«. Machen Sie sich einen kleinen Vermerk bei den Fällen, die Sie selbst nach eigenem Verständnis wohl nicht richtig oder vollständig haben lösen können – dann müssen Sie nicht alle Fälle nachbereiten.

Vergessen Sie die Pause nicht! Längstens nach 2 Stunden hat sich eine kurze Pause bewährt, in der man wirklich auch das Gespräch auf andere Dinge lenken, sich zerstreuen und vielleicht an die frische Luft treten sollte.

Ab und zu ist am Ende der AG-Sitzung ein Feedback-Gespräch abzuhalten, vor allem dann, wenn der AG-Leiter das Gefühl hat, die Sitzung sei nicht zufriedenstellend gelaufen. Alle sollten die AG mit einem befriedigenden Gefühl verlassen können.

93 **Checkliste: Der AG- Leiter**

- ist für die Vorbereitung und Fallauswahl verantwortlich
- sorgt für pünktlichen Beginn/Einhalten der Pausen
- ist durch bessere Vorbereitung in der Lage, das Fachgespräch zu lenken
- schlichtet Konflikte
- stellt Verständnis-/Wiederholungsfragen
- führt Feedback durch, wenn nötig
- fördert und fordert alle AG-Teilnehmer gleichermaßen
- bricht unsinnige Detaildiskussionen ab

Abbildung 12

2.4.4 Die Nachbereitung der Sitzung

Die Nachbereitung der AG-Sitzung ist ebenso wichtig wie die Sitzung **94** selbst. Zum einen sollte direkt im Anschluss festgehalten werden, welche Fälle noch Probleme bereiten. Diese Fälle sind dann aufzuarbeiten: Wer schlechtestenfalls auch in der Sitzung nicht verstanden hat, wie der Fall gelöst werden muss bzw. wer danach immer noch glaubt, ein eigener Lösungsansatz sei zu Unrecht nicht in der Lösungsskizze berücksichtigt, sollte den Fall in der Originalversion nachlesen. Dazu dient der Quellennachweis des AG-Leiters. Wer dann auch mit der Originalfundstelle nicht weiter kommt, kann auch einen Professor aufsuchen und sich erläutern lassen, aus welchem Grunde er/sie so falsch liegt. Dieser Fall ist bei uns allerdings äußerst selten aufgetreten.

Zum anderen dient die Nachbereitung der Vorbereitung des »Wiederholens«. Sinnvoll wiederholt werden kann nicht alles, sondern nur selektiv. Das heißt, die Nachbereitung der Sitzung sollte eine kurze Rekapitulation des wichtigsten Stoffes aus der AG-Sitzung enthalten. Dabei brauchen Selbstverständlichkeiten oder Definitionen, die man in- und auswendig beherrscht, nicht berücksichtigt zu werden. Die Fälle, mit deren Lösung man allerdings Probleme – wenn auch nur leichter Art – hatte, gehören in jedem Fall zum Wiederholungsumfang, müssen also ausgesondert und markiert werden.

Die Nachbereitungsphase sollte nicht zu lange dauern, aber in jedem Fall spätestens jetzt das Gefühl vermitteln: »Jetzt habe ich dieses Thema wirklich verstanden. Da kann mir nichts mehr passieren.« Erst nach diesem Schritt kann man sich dem Kampf gegen das Vergessen widmen.

2.5 Problemprävention/Kontrolle

2.5.1 Grundlegendes

In jeder Gruppe und auch alleine (also sich selbst gegenüber) treten mehr **95** oder weniger stark ausgeprägte Probleme auf. Das ist ein ganz normaler Vorgang, der nicht beunruhigen sollte. Das menschliche Freiheitsstreben hat seine natürliche Grenze immer in der Freiheit des jeweils anderen. Das ist der Grund dafür, warum es auch im Familienleben, in der Partnerschaft, unter Freunden und im Berufsleben ständig zu Spannungen, mitunter sogar zum offenen Streit kommt. Ein Leben lang muss sich der Mensch, der in der Gruppe und vor sich selbst als »soziales Wesen« bestehen will, ständig neu positionieren, die Grenzen zur Unfreiheit des anderen ständig neu erkennen und seine eigenen Grenzen verschieben und definieren. Dieser Vorgang ist nur dann schädlich, wenn er nicht von für alle geltenden Regeln begleitet wird. Eine jede AG muss daher eine regelrechte **Streitkultur** entwickeln. Das folgende Kapitel setzt sich zum Ziel, möglichst vollständig alle Probleme, die während der selbstbestimmten Examensvorbereitung auftreten können, zu sammeln und zu entschärfen.

Dabei wird es natürlich nicht möglich sein, **sämtlichen** Konfliktstoff komplett zu beseitigen. Es hilft wesentlich, sich über bestimmten Zündstoff bewusst zu werden und Konflikte aktiv zu kanalisieren. Dieses Kapitel sollte in der Tat sehr **aktiv** gelesen werden, da bereits das Reflektieren möglicher Konflikte einen nicht zu unterschätzenden Lerneffekt hat.

---

96 *Übung:*

Tragen Sie in zwei Spalten sämtliche Probleme ein, die Ihnen im Zusammenhang mit der Examensvorbereitung in einer AG einfallen. Teilen Sie diese ein in die zwei Kategorien »Probleme mit mir« und »Probleme mit der Gruppe«.

Probleme mit **mir**　　　　　　　　Probleme mit der **Gruppe**

_____　　　_____

_____　　　_____

_____　　　_____

_____　　　_____

_____　　　_____

_____　　　_____

Sie sehen, auch die Problemlagen sind – ähnlich wie der Lernstoff – endlich! Die Gründung einer AG stellt Sie also nicht vor unzählbar viele Schwierigkeiten. Außerdem dürfen Sie nicht vergessen, dass die erste

Gruppe der »Probleme mit mir« natürlich nichts damit zu tun hat, auf welche Weise man sich vorbereitet (mit oder ohne Repetitorium, in der AG oder ohne alles). Nur die zweite Gruppe ist AG-spezifisch. Kein Grund deshalb, die Vorteile einer AG aufzugeben und zum Repetitor zu gehen. Sie haben die richtigen AG-Partner, einen festen AG-Vertrag, kennen die Methoden des Teambuilding und nutzen die Tipps, die wir Ihnen auf den folgenden Seiten vorstellen. Damit werden »Probleme in der Gruppe« zur Herausforderung, aber nicht zum unüberwindlichen Hindernis!

2.5.2 Risk-Management: AG-unabhängige Risiken

a) Motivation und Disziplin

Zweifelsohne handelt es sich beim am häufigsten genannten Problem **97** mit sich selbst um die Motivation **zum** und die Disziplin **beim** Lernen. Dazu ist natürlich zu sagen, dass es keine Patentrezepte zur Motivation gibt. Das Jahr der Examensvorbereitung ist sehr hart und überaus anstrengend. Es beginnt damit, dass man seinen Freunden und Eltern Fotos von sich schickt, da diese einen sehr lange nicht zu Gesicht bekommen werden. So ist zumindest die landläufige Meinung. An dieser Stelle ist zu betonen, dass es sich tatsächlich um eine sehr harte Zeit handelt; es ist aber auch mit einem verbreiteten Vorurteil aufzuräumen: Die mönchsartige Enklave, in welcher der Examenskandidat mit sich selbst in Klausur geht und nur zu den Mahlzeiten wenige Minuten Tageslicht auf sein blasses Gesicht scheinen lässt, findet doch in den wenigsten Fällen statt.

Wenn Sie es richtig anstellen, können (und sollen!) Sie Freunde und Angehörige weiterhin sehen, Sport treiben, auf Partys gehen und alles tun, was Spaß macht. Sie müssen sich lediglich den eisernen Grundsatz der Trennung von Lern- und Freizeit zur absoluten Regel machen. Der Stoff ist einzuteilen, damit Sie wissen, was **genau** heute bzw. morgen oder am Mittwoch zu lernen ist. **Wie** Sie am besten lernen, ist im Kapitel 3 (unten Rn. 137 ff.) nachzulesen, dort sind die wichtigsten Grundsätze beschrieben, die Ihnen ermöglichen weiterhin Ihre Freizeit zu genießen.

Wenn Sie wissen, was im Laufe des Tages bewältigt werden muss, dann können Sie so vorgehen: Wer beispielsweise eine Stunde Motorradfahren gehen möchte, der darf sich damit belohnen, **wenn der Lehrstoff erledigt** ist. Auf diese Weise motivieren Sie sich zum Arbeiten. Wer es schafft, **vor** dem Lernen eine Stunde zu fahren und den Lernstoff hinterher noch bewältigt, hat ohnehin kein Motivationsproblem. Für alle, die sich motivieren müssen, gilt aber der uralte Grundsatz: Erst die

Arbeit, dann das Vergnügen. Nur so gewährleisten Sie, dass tatsächlich die Examensvorbereitung Priorität genießt.

Verzichtet werden sollte aber natürlich nicht auf alles. Ausgleich zum Lernen ist immer wichtig. Ob dieser Ausgleich aus Sport oder Freund/Freundin besteht, ist egal. Sie werden sehen, dass sich beides in ein nahezu ideales Verhältnis bringen lässt, solange Sie das Ziel Examen als übergeordnetes Ziel nicht aus den Augen verlieren.

Vergessen Sie dabei nie: Sie **wollen** dieses Examen bestehen und zwar möglichst gut. Es ist Ihr großes **Ziel**. Diese Sache heben Sie sich selbst ausgesucht, sich bewusst dafür entschieden. Das Ganze ist selbstgewähltes Schicksal! Das dürfen Sie sich ruhig ab und zu einmal vorhalten. Ebenso dürfen Sie sich öfter sagen, dass es sich bei dem Ersten Staatsexamen um die wahrscheinlich wichtigste Prüfung in Ihrem Leben handelt und Sie – zugegeben – vorher nun einmal alle Zeit der Welt hatten, sich einem beachtlichen Freizeitprogramm zu widmen.

»9+x«: Unserer Erfahrung nach können Sie ihre Lernmotivation aufrecht erhalten, wenn sie an zwei Grundsätzen festhalten:

Immer zuerst eine Lerneinheit abschließen, bevor ein Ausgleichs- und Freizeitteil eingeschoben wird. Dabei teilen Sie sich den Stoff bitte so ein, dass mindestens eine Stunde am Tag für Freizeit bleibt, die dann auch streng als Freizeit verbracht wird. Pausen müssen gemacht werden – und zwar bewusst. Das bedeutet auch, dass Sie sich am Wochenende (oder an einem anderen institutionalisierten Tag in der Woche) für mindestens einen ganzen Tag eine echte Pause gönnen sollten. Körper und Geist brauchen diesen Tag, damit Sie danach wieder bei 100 Prozent weiter machen können. Laden Sie den sprichwörtlichen Akku auf!

Zum anderen: Wenn gelernt wird, dann wird gelernt – und nichts anderes nebenher erledigt. Nur so trennen Sie vernünftig und motivierend zwischen Arbeit, Spaß und anderen »sozialen Verpflichtungen«.

Sollte Ihnen das noch nicht Ansporn genug sein, dann empfehlen wir ihnen die Gründung einer AG. Wir haben uns gegenseitig in der Gruppe motiviert und zu ungeahnten Leistungen angetrieben. Wem gegenüber können Sie sich wohl mehr Nachlässigkeit erlauben? Dem kommerziellen Lehrer oder der eigenen AG, von der einer (der Leiter) auch noch ausgesprochen gut vorbereitet und unheimlich kritisch ist?

b) Teilen und Einstecken lernen

Eine der wichtigsten Kompetenzen auf sozialem Gebiet besteht im Erler- **98** nen von Teilen und dessen Spiegelbild, dem Einstecken. Teamwork bedeutet, dass die Summe aus vier Einzelleistungen fünf wird. Sie arbeiten **gemeinsam** an einer großen Sache – der Examensvorbereitung. Gemeinsamkeit bedeutet wiederum, dass Sie den/die anderen auf dem Laufenden halten über Entwicklungen, Erkenntnisse und auch über das eigene Vorgehen. Nur wenn Sie sich den ständigen gegenseitigen »Pendelblick« hinüber zum Mitstreiter bewahren, wird aus dem gemeinsamen Ziel auch ein gemeinsamer Weg.

Teamwork bedeutet, dass die Summe aus vier Einzelleistungen nicht vier, sondern fünf wird!

Das bedeutet: Teilen Sie Ihre Erkenntnisse! Wer etwas besser verstanden hat als die anderen, muss es den anderen erklären (können). Der Lerneffekt für **beide** Seiten liegt auf der Hand. Wem eine besonders griffige Formulierung oder Eselsbrücke eingefallen ist, der teile sie den anderen bitte ebenfalls mit! Im Examen kämpfen Sie nicht gegeneinander. Niemand ist deshalb besser, weil die anderen diese geschickte Eselsbrücke nicht kennen. Es gibt, und damit sei mit einem weiteren Vorurteil aufgeräumt, keine relative Wertung und erst recht keine von diesen berüchtigten »Quoten«, die man vielleicht aus anderen Fächern kennt. Warum also Material geheim halten? »Do ut des«. Wer teilt, erhält im Gegenzug auch Informationen ausgeteilt. Überlegen Sie sich einmal, wie reichhaltig dadurch das Informationsreservoir wird, wie groß der Vorsprung zu anderen Einzelkämpfern, die ihre Erkenntnisse vom Repetitor beziehen, der häufig genug **alleinige** Informationsquelle für eine Vielzahl von Studenten sein wird.

Wer teilen gelernt hat, wird im Berufsleben immer positiv auffallen, da dies die Basis für das Funktionieren von Hochleistungsteams ist. Deshalb: Teilen lernen!

Die Kehrseite eines guten Teamworkers ist das Erlernen von Nehmerqualitäten. Wie überzeugt man auch immer von einer Idee sein mag: Wenn sie andere nicht überzeugt, ist sie verloren. Daher: Sie müssen lernen, mit konstruktiver und sachlicher Kritik umzugehen. Dies ist eine solche Selbstverständlichkeit, dass sich Ausführungen dazu eigentlich erübrigen sollten. Dennoch empfehlen wir, die folgenden Hinweise nicht zu überspringen.

99   Immer wieder haben wir in unseren Workshops mit Teilnehmern die Erfahrung gemacht, dass relativ freimütig eingeräumt wird, wie sehr man mit Kritik vom Gegenüber ein Problem hat. Das liegt zum einen an der **Art und Weise**, in welcher die Kritik vorgebracht wird.

Zum anderen erfährt der Jurist in seiner gesamten Ausbildung niemals Kritik an seiner Arbeit von Kollegen, d.h. von »gleichgeordneten Mitarbeitern«. Mit welch einer Selbstverständlichkeit aber im Berufsleben von gleichrangigen Mitarbeitern, ja sogar Untergebenen, Kritik an der eigenen Arbeitsleistung geübt wird, ist wohl jedem klar. Mentale Blockade, destruktives Beleidigtsein und letzlich (Mit-)Arbeitsverweigerung sind die Folge, wenn man mit Kritik nicht umgehen kann. Gewöhnen Sie sich daher frühzeitig an, Feedback in sachlicher, aber klarer Form zu erteilen, und lernen Sie, auf den anderen gerade dann einzugehen, wenn dessen Kritik für nicht nachvollziehbar gehalten wird.

Bei berechtigter Kritik ergeben sich eigentlich keine Probleme. Die meisten werden mittlerweile in der Lage sein, auch einmal trotz Voreingenommenheit objektiv (sachlich) auf die Problemlage zu schauen und Fehlverhalten einzusehen. Dabei ist es übrigens keine Schande, wenn Sie das auch den anderen gegenüber eingestehen. Was schadet es, einmal laut zu sagen: »Ja, das stimmt, da hast du Recht. Da muss ich aber wirklich...[...]«? Dadurch erspart man sich und den anderen die übliche Rechtfertigung, die letztlich immer nur **erklärt**, warum das Fehlverhalten aufgetreten ist, das Beharrungsvermögen in eigentlich unstreitigen Fällen und den anschließenden Gesichtsverlust, der um so stärker eintritt, je länger man sich nicht selbst von der Kritik überzeugt zeigt. Jeder macht Fehler. Je schneller man sie zugibt, um so zügiger kann es weitergehen. Verschwenden Sie keine Kraft mehr, sich gegen etwas zu wehren, was **objektiv** in dieser Weise ohnehin keinen Bestand haben kann!

Bereiten Sie sich auf Ihr Berufsleben vor und trainieren Sie den richtigen Umgang mit Kritik.

---

100 Wesentlich schwieriger ist es, mit Kritik umzugehen, die man für unberechtigt hält. Liegen die Ursachen im objektiv Feststellbaren, so könnte man sie selbstverständlich zurückweisen. Das wird jedoch in den seltensten Fällen so sein. Häufiger sind doch die Fälle, in denen es um Subjektives geht, wie die Art, in der einer den anderen belehrt (und wenn er noch so recht hat), die Art, in der der eine den anderen behandelt (und sei seine Absicht noch so gut) und die anderen überflüssigen Angewohnheiten, Eitelkeiten und Empfindlichkeiten. Es ist nämlich ganz interessant, was Sie in einer AG alles über sich lernen und ehrlicherweise selbst schon lange über sich wussten. Ergreifen Sie die Chance, sich Ihrem

Gegenüber anzupassen, sich zurückzunehmen und zu korrigieren. Wie wichtig dies auch im Berufsleben ist, braucht nicht erneut betont zu werden. Nur wer sich selbst korrigieren kann, bleibt flexibel genug, um heutigen Anforderungen an soziales Miteinander genügen zu können. Wie immer die Absichten auch sein mögen: Nur von den anderen lernen Sie, wie Sie auf andere wirken – und was Sie dort erreichen. Und das ist natürlich ebenso wichtig wie die Inhalte, die Sie transportieren wollen.

Wenn sich jemand von Ihrem Verhalten gestört fühlt, dann überlegen **101** Sie bitte als erstes, ob Sie dieses Verhalten zu dessen Gunsten vielleicht ändern können, und zwar unabhängig davon, wie sehr Sie sich im Recht fühlen. Vielleicht kostet es ja weniger Mühe, kleinliches Verhalten abzustellen, als es den anderen Mühe kosten würde, das kritisierte Verhalten zu ertragen. Ein anderer, der sich durch eine bestimmte Art und Weise, ihn anzusprechen, gestört und herabgesetzt fühlt, den wird man mit objektiven Argumenten, warum gerade **diese Art** die bessere ist, nicht mehr überzeugen. In einer idealen AG hat sich der Gegenüber diesen Argumenten innerlich auch schon gestellt. Nun gilt es, wieder zu einem fruchtbaren Miteinander zu finden. Also bedarf es des sprichwörtlichen »Sprungs über den eigenen Schatten«. Nur so werden großartige Teamworker aus Ihnen. Außerdem werden Sie feststellen: Einstecken lernen kann mitunter befriedigender sein als Recht zu haben und zu behalten.

Richtiges gemeinsames Arbeiten in der AG ist also erst dann fruchtbar, wenn die Wissensquellen und das Material geteilt werden und wenn man lernt, mit sachlicher Kritik umzugehen. Das sollte also kein echtes Problem darstellen, bringt Sie selbst aber in ihrer persönlichen Entwicklung entscheidend nach vorne und bietet ihnen eine Schlüsselqualifikation für das spätere Berufsleben.

c) Examensangst und Selbstvertrauen

Okay, Examensangst hat jeder. Sie haben aber bereits weiter vorne gese- **102** hen, dass der Stoff endlich ist, die Fälle lösbar sind und die Probleme häufig den gleichen Strukturprinzipien folgen. Wir wissen, dass gerade bei der juristischen Examensvorbereitung eine Menge Geld mit der Angst der Kandidaten verdient wird, indem eine (natürlich nicht einklagbare) »Statistik-Garantie« (z.T. sogar auf gewisse Punktzahlen) regelrecht »verkauft« wird.

Indes besteht gar kein Grund zur Angst. Wenn Sie sich selbst vorbereiten, ist schon sehr viel damit gewonnen, dass Sie sich bereits damit auseinander gesetzt haben, was verlangt wird. In diesem Stadium sind Sie schon nicht mehr abhängig von Lehrern, die den Stoff portionieren. Respekt ja, aber für Angst gibt es dann keinen Grund mehr, weil Sie sich auch positiv darin bestärken können, Stoff bereits »erledigt« zu haben. Dazu ist es ganz wichtig, Stoffeinheiten abzuschließen, auch optisch. Wer mit einer Einheit durch ist, lege sie zur Seite und hake sie im Lernplan ab. Irgendwann wissen Sie z.B. alles über das Bereicherungsrecht. Vor einem bereicherungsrechtlichen Fall brauchen Sie also überhaupt keine Angst mehr zu haben; alles Wichtige dazu (zumindest aber wesentlich mehr als die anderen) haben Sie schon im Kopf. Sie werden sehen, dass Sie auf diese Weise mit dem Gefühl ins Examen gehen »es kann mir nichts mehr passieren«.

Das eigene Lernen vermittelt Sicherheit. Und: Sie wissen, was verlangt wird, nichts bleibt im Unklaren, nichts bleibt abhängig von der Meinung des Repetitors, der Ihnen den Stoff vorsetzt. Die Abhängigkeit vom Repetitor und dessen Wertungen und Gewichtungen ist viel gefährlicher als von sich selbst, weil man nur dann dazu neigt, sich wirklich gründlich mit dem Stoff zu beschäftigen, wenn es auch nur auf einen selbst ankommt. Wie häufig glaubt man dem Repetitor einfach, dass dies und jenes wichtig, anderes aber unwichtig ist? Vor allem wer sich **selbst** davon überzeugt hat, kann angstfrei ins Examen gehen.

Vergessen Sie nicht, der Staat nimmt die Prüfung ab, und der geht davon aus, dass die Vorbereitung von jedem alleine zu bewältigen ist (sic!). Die Angst tief in unserem Inneren, die legt sich erst, wenn wir selbst davon überzeugt sind, dass wir den Stoff können. Dies ist Ihre eigene Aufgabe, der Repetitor kann Ihnen dabei nicht helfen. Die AG allerdings fördert die intensive, vertrauenschaffende Auseinandersetzung mit dem Lernstoff. Sie werden allen anderen einen riesigen Trainingsvorteil voraus haben.

d) Rollenverhalten hinterfragen

103 Dieser Punkt betrifft nicht mehr nur Problemlagen, die jeder mit selbst ausmachen muss, sondern zu einem gewissen Teil auch das Arbeiten in der Gruppe. Das Thema »Rollenverhalten« ist daher »zwischen den Kapiteln« angesiedelt und so zu lesen, als ob es bereits zu einem erheblichen Teil zur Problemlösung in der Gruppe gehört.

Jeder, der sich einer Gruppe stellt, sieht sich in einer bestimmten Rolle, die durch die Kenntnis über die eigenen Stärken (erheblich weniger übrigens über die Schwächen ...), die eigenen Ziele und das mitgebrachte Selbstbewusstsein definiert wird. Allein die subjektive Selbsteinschätzung trägt schon dazu bei, sich auf einen bestimmten Typ festzulegen, den man unterbewusst verkörpern möchte. Das ist an sich nicht falsch und kann auch gar nicht mehr abgestellt werden: Zu lange schon ist man in dieser Weise geprägt worden, sind einem Stärken und Schwächen eingeflüstert worden, zu lange reflektiert man seine eigene Außenwahrnehmung schon durch andere, zu intensiv verharrt man in Angewohnheiten, die auf lebenslanger Erfahrung beruhen. Aber: Es besteht keine Notwendigkeit, mit diesen Erfahrungswerten in einen direkten Wettbewerb zu anderen zu treten. Wer sich für kenntnisreich und selbstsicherer als andere hält, wird in der Regel sehr überrascht sein, in der AG auf jemanden zu treffen, der sich für ebenso kenntnisreich und selbstsicher hält. Woher eigentlich diese Überraschung? Wer glaubt, er sei schüchtern, wird sehr überrascht sein, sich unter Umständen in der AG ständig als Wortführer wiederzufinden. Warum eigentlich? Es kann passieren, dass der Frauenheld in der AG zu seiner eigenen Überraschung auf das sprichwörtliche Überweib trifft, während der konservative »Hardliner« sich in der Gruppe im Vergleich als Liberaler wiederfindet.

Was wollen wir damit sagen? Zunächst wollen wir **nicht** darauf hinaus, die eigene Rolle, an die Sie ein Leben lang geglaubt haben (wenn auch vielleicht nur unterbewusst), in Frage zu stellen. Wir wollen aber erreichen, dass die Festlegung darauf ein wenig gelockert wird, dass Sie anderen die Chance geben, sich in der gleichen Weise zu präsentieren, womit viele erhebliche Schwierigkeiten haben. Es ist durchaus bereichernd zu lernen, dass man mit seinen Eigenschaften unter Umständen nicht alleine dasteht. Genauso wie es für einen selbst bereichernd ist, festzustellen, dass die eigene Rolle eben doch nicht so ausgeprägt ist, wie Sie immer gedacht haben, dass Sie vielleicht rhetorisch doch nicht so überzeugend sind wie gedacht, dass Sie im Verwaltungsrecht trotz eines Seminars bei **Maurer** doch nicht »die Weisheit mit Löffeln gefressen« haben oder dass Sie mit Frauen auch zusammen **arbeiten** und nicht nur flirten können.

Dieser Effekt ist deshalb positiv, weil die Verengung der Selbstwahrnehmung mit zunehmendem Alter in einen erheblichen Verlust von Energie und Flexibilität mündet. Je eher Sie erkennen, dass Sie sich immer noch – auch noch nach 25 Jahren – verändern, anpassen, neu bestimmen und in anderer Weise verwirklichen können, als Sie immer geglaubt haben, desto interessanter werden Perspektiven auf dem Arbeitsmarkt erscheinen und desto weniger Angst haben werden Sie vor neuen, unbekannten Herausforderungen (das Examen) haben, die leider nicht immer vorher auf den individuellen Charakter zugeschnitten sind. Wer sich selbst schon sicher ist: »Gesellschaftsrecht kann ich nicht«, der wird nie eine gute Gesellschaftsrechtsklausur schreiben, wenn er mit dieser Rollen**festlegung** schon abgeschlossen hat.

Je flexibler und aktiver Sie auf unbekannte Herausforderungen reagieren können, um so leichter fällt das Arbeiten in der Gruppe und der Umgang mit dem Examensdruck.

Wer diese Festlegung hingegen bewusst durchbricht, der kann mehr Punkte erzielen als der »Wahlfachgesellschaftsrechtler«, der sich auf seine Rolle verlassen und Gesellschaftsrecht in der Vorbereitung vernachlässigt hat.

Es ist schwierig, diese Selbstverständlichkeiten so in Worte zu kleiden, dass man sie für die eigene Examensvorbereitung fruchtbar machen kann. Und vielleicht klingen die vorstehenden Ausführungen auch zu einem guten Teil zu pathetisch und überbewertet. Trotzdem unser Tipp: Lesen Sie sich gerade dieses Kapitel in der Vorbereitung noch einmal durch. Sie werden bei aller Ehrlichkeit gegen sich selbst feststellen, wie viel von dem Gesagten eine wirklich fruchtbare eigene Vorbereitung und auch die Kommunikation mit anderen blockiert.

Dabei heißt es nicht, Neigungen und Charaktereigenschaften in Frage zu stellen. Vielmehr gilt es, auch in Bezug auf seine eigene Rolle Festlegungen zu lockern und so die Grundlage und den positiven Boden dafür zu schaffen, wirklich ein Leben lang zu lernen und an sich zu arbeiten. Sie sollten in **jeder** AG-Sitzung versuchen, in Bezug auf Charaktereigenschaften und Wissen der anderen völlig unvoreingenommen zu sein. Dies ist schwierig, aber hilfreich. Der Gegenwert einer solchen Einstellung ist schwer messbar – erst recht in Punkten. Aber es wird sich auf eine hervorragende und sehr professionelle Arbeitsatmosphäre niederschlagen, von denen jeder profitiert – nicht nur in Bezug auf das Examen.

Wir haben in unserer AG eine derart professionelle Arbeitsatmosphäre kennen gelernt, dass es uns mitunter schwer fällt, im Berufsleben vergleichbares zu finden.

2.5.3 Risk-Management: AG-spezifische Risiken

a) Motivation und Disziplin

104 Motivations- und Disziplinprobleme treten auch als gruppenspezifisches Phänomen auf. Die Ursache ist zumeist ein persönliches »Tief«, ein ureigenes Motivationsproblem, von dem jedoch alle Teilnehmer mehr oder weniger gleichzeitig erfasst werden. Aus subjektiver Sicht gelingt es der Gruppe nicht, ein positives Signal zu setzen und sich gegenseitig mitzu-

ziehen. Aus objektiver Sicht geschieht sogar das Gegenteil: Die Teilnehmer verunsichern sich gegenseitig, lassen das Gemeinschaftsgefühl
schleifen, beginnen unpünktlich, hören früher auf und zweifeln an der
Stärke der AG.

Zur Vermeidung dieser Risiken muss weiter ausgeholt werden: Jeder
verfügt über eine individuelle Motivationskurve. Grafisch dargestellt,
beginnt diese mit einer positiven Entscheidung auf relativ hohem
Niveau. So geht der Entschluss, eine AG einzugehen und den Lehrplan
zu erstellen, stets mit einer gewissen Grundmotivation einher. Danach
steigt diese Kurve in der Regel sogar noch an und zwar um so stärker, je
größer das positive Feedback aus der Gruppe ausfällt. Die ersten Erfolge
stellen sich schnell ein, die ersten Themen, die bearbeitet werden stellen
sich als halb so schlimm heraus, wenn konsequent gelernt wird. Dann
passiert irgendwann das Unvermeidliche: Die ersten Rückschläge müssen verkraftet werden: Ein »Durchfaller« im Examensklausurenkurs, ein
völlig undankbares Thema (Bereicherungsrecht in Dreipersonenbezie-
hungen) oder einfach eine heftige Herbstgrippe. Schon stellen sich
Zweifel ein, Zweifel an der eigenen Stärke, Zweifel an der Kompetenz
des AG- Leiters, Zweifel am eigenen Durchhaltevermögen.

Nun, diese Motivationskurve ist immer die gleiche, ob Sie sich in der
Gruppe vorbereitet haben oder alleine. Der Repetitor hilft Ihnen dabei
auch nicht. Das Motivationsproblem **in der Gruppe** ist also eigentlich
nicht AG-typisch.

Im Gegenteil, eine AG hilft ihnen dabei, Ihre Lernmotivation konstant
auf hohem Niveau zu halten.

Die AG bietet den überragenden Vorteil, dass sich eigentlich immer
mindestens ein Teilnehmer noch oder schon wieder in einer Hochmoti-
vationsphase befindet. Ohne es zu merken, wird dieser die anderen mit-
ziehen. Wer sich hängen lässt, wird aufgeweckt, wer an sich zweifelt,
kann dies in den regelmäßigen Feedbackrunden äußern und wird sich
wundern, wie schnell und wie einleuchtend ihm diese Zweifel ausgetrie-
ben werden. Das ist der Vorteil der AG. Man profitiert stets von der Stärke der anderen. Wenn der Starke schwach wird, ist der ehemals Schwa-
che wieder erstarkt. Ein echtes Problem stellt sich nur ein, wenn alle
Teilnehmer **exakt zur gleichen Zeit** in ein solches vorgezeichnetes Tief
geraten. Dies ist aber eher unwahrscheinlich, da bei jedem die zeitlichen
Abstände zwischen einzelnen Motivationsphasen anders liegen. Der
eine wird früher anfangen, an sich und der Gruppe zu zweifeln, der andere später, dafür vielleicht intensiver. Es ist fast ausgeschlossen, dass alle
gleichzeitig und gleich intensiv völlig »am Boden« liegen.

105   **Die persönliche Lernmotivationskurve**

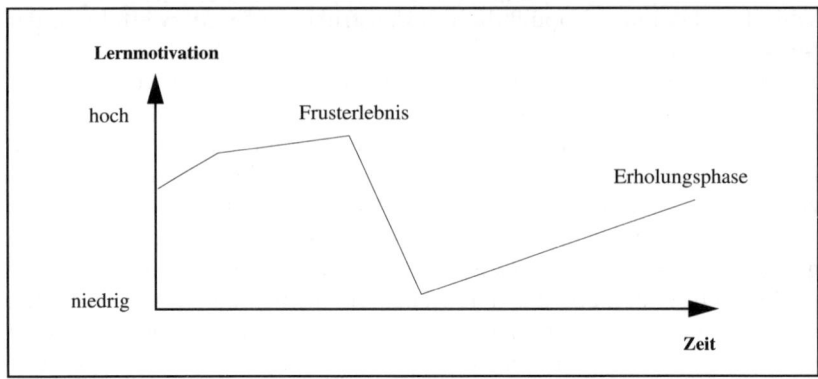

106   **Die Lernmotivationskurve in der AG**

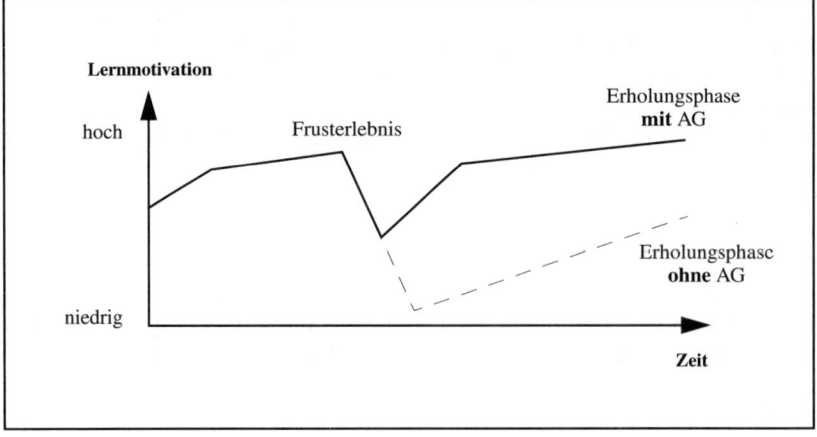

Abbildung 13

107 Zusätzlich führt der stete fruchtbare Austausch und die Tatsache, dass sich keiner »verstecken« kann, dazu, dass Sie der guten bis sehr guten Vorbereitung der AG-Sitzung allerhöchste Priorität einräumen. Fast automatisch steigt damit auch die subjektive Motivationskurve wieder an. Gegen Ende der AG haben wir beobachtet, dass sich diese Motivation dann auf hohem Niveau hält. Klar, Erfolge in den Klausurenkursen, überlegenes theoretisches Wissen und die Sicherheit, die aufgrund ständiger Falllösungen gewonnen wird, schlagen sich auf das Gefühl nieder, wirklich gut vorbereitet zu sein. Jetzt gilt es nur noch, den »Biss« zu halten und auf den Punkt genau abzurufen. Daher sollte nach Ende der AG auch nicht mehr allzu lange auf den Examenstermin gewartet werden.

Die Problematik der Disziplinlosigkeit geht häufig mit der eigenen **108** Motivation einher. Disziplin sollte daher eher in übertriebener als in lockerer Weise geübt werden; denn es ist noch schwer genug, pünktlich zu beginnen, konzentriert an einem Thema zu arbeiten und sich nicht ablenken zu lassen, besonders wenn draußen 27 Grad herrschen und das helle Kindergeschrei aus dem Freibad in die graue WG- Küche dringt ...

Disziplinlosigkeit und Motivationsprobleme können mit klaren Regeln minimiert werden.

Zunächst gilt es, Regeln festzulegen. Je niedriger die Motivation sinkt, um so wichtiger werden diese Regeln. Ein Regelverstoß muss Sanktionen nach sich ziehen und zwar solche, die auch echte Sanktionen sind. Verspätungen kosten in der Regel Geld, viel Geld. Schlechte Vorbereitung ziehen Ermahnungen nach sich, nachdrückliche Ermahnungen. Sollte sich immer noch nichts tun, so ist auch über einen Ausschluss aus der Gruppe nachzudenken. Jemanden, der sich nicht vorbereitet, kann sich die AG nicht leisten, zumindest dann nicht, wenn der persönliche Einsatz vorher anders besprochen war (AG-Vertrag!).

Dies ist auch eine Frage der Kommunikation. Jedem sollte vorher signalisiert worden sein, dass die Gruppe etwas mehr Einsatz erwartet. Es ist katastrophal, wenn Sie sich erst nach einem dreiviertel Jahr dazu entschließen, einem Teilnehmer die Meinung zu sagen und ihm mit Ausschluss zu drohen (abgesehen davon, dass überhaupt nicht »gedroht« werden sollte). Es ist selbstverständlich, dass der eine oder andere mal nachlässiger vorbereitet ist als die übrigen. Das passiert jedem einmal und hat in der Regel **überhaupt** keine Konsequenzen. Die anderen werden einem aber durchaus zu verstehen geben, dass man das bemerkt hat (»Na, das musst du dir wohl noch mal durchlesen«; »Was, davon hast du noch nie gehört? Wie kann das passieren?«). Die anderen werden eher Hinweise geben, wie man das Thema effektiv nacharbeitet, als sogleich mit dem Ausschluss zu drohen.

Dazu gehört aber Vertrauen und dieses Vertrauen muss man sich den anderen gegenüber erst einmal durch Verlässlichkeit und gute Vorbereitung verdient haben. Ist das nicht der Fall, muss es gleich in den ersten Wochen ein ernsthaftes Gespräch mit einer zweiten Chance geben.

Im Übrigen kann man die Überwachung der Disziplin delegieren. In **109** der Regel hat der AG-Leiter auf Pünktlichkeit zu achten und auch auf eine sinnvolle Stoffbearbeitung. So kann man verlangen, dass der AG-Leiter am Schluss einer Sitzung »Tacheles« redet und klar und sachlich ausspricht, was er von seiner Einheit hält, etwa: »Ich finde, heute ist es sehr zäh und schleppend gelaufen. Ich hatte nicht das Gefühl, dass ihr Euch ernsthaft genug mit dem Problem des Gläubigerverzugs auseinander gesetzt habt. Was meint Ihr dazu? Seid Ihr anderer Auffassung?« In der Regel wird man sehr schnell zu einem »common sense« gelangen.

Insgesamt ist noch festzuhalten, dass die drakonisch klingenden Begriff wie »Disziplin«, »Sanktionen«, »Überwachung« natürlich nicht so streng gemeint sind, wie sie klingen. Solange alle die AG als solche wirklich wollen, können Sie nur profitieren, wenn die Spielregeln eingehalten werden. Zu den meisten Problemen wird es daher schon »freiwillig« nicht kommen. Wer partout nicht mehr vorbereiten will als eine oberflächliche Durchsicht der Definitionen, der ist von vornherein falsch in der AG. So etwas ist im übrigen weder uns noch anderen, mit denen wir uns ausgetauscht haben, widerfahren. Solche Dinge gilt es **vorher** auszuschalten.

Natürlich ist es einfach, eine AG durch Disziplinlosigkeit zu »sprengen«. Dieses Kapitel dient daher eher der Ausschaltung von »Restrisiken« nach dem Motto »wehret den Anfängen«. In aller Regel wird sich herausstellen: In der AG lernen Sie nicht nur das Examensrüstzeug, sondern auch Disziplin und effektive Gemeinschaftsarbeit – und zwar, ohne dass Sie dies als unangenehm empfinden. Es ist eben manchmal auch ein Vorteil, durch Verantwortung gegenüber anderen dem »inneren Schweinehund« offensiv gegenüber zu treten. Beim Repetitor können Sie sich viel eher hängen lassen – aber das ist bestimmt kein Vorteil!

b) Der Umgang miteinander

110 Ein ganz wichtiger Punkt, der in der AG beachtet werden sollte, weil er zu Frustrationen führt, ist der richtige förmliche Umgang miteinander. Sie sollten **immer** höfliche Umgangsformen wahren, klar und präzise ausdrücken, was Sie meinen und fühlen und immer konstruktiv vorgehen. Keinem nützt es, wenn er hört, dass dies und jenes »nervt«, wenn er nicht gleichzeitig erklärt bekommt, **wie** und **warum** man es anders machen kann. Das Bemühen um Sachlichkeit wird gleichzeitig auch positive Auswirkungen haben auf die eigene Argumentationsfreudigkeit und die Überzeugungskraft eigener Argumente. Auch dies ist im Jura-Studium bekanntlich nicht zu unterschätzen.

Zum richtigen Umgang miteinander zählt ein weiteres Mal die strenge Beobachtung des Rollenverhaltens (s.o. Rn. 103). Geben Sie Ihrem Gegenüber die Chance, aus seiner Rolle auszubrechen und auch mal etwas zu tun oder zu sagen, was nicht »zu ihm passt«. Eine Perpetuierung unerwünschter Rollenfixierung ist der Tod jeder selbstbestimmten und flexiblen Examensvorbereitung. Zu unterlassen ist das erstaunte »Nanu?«, wenn der Polizeirechtsmuffel auch einmal etwas zum Störerbegriff beigetragen hat, ebenso wie das hämische »Na also!«, wenn man den Wahlfacharbeitsrechtler bei einer Fehleinschätzung der Betriebsrisikolehre erwischt hat.

Da sich diese Ausführungen noch am ehesten erübrigen, kommen wir zum nächsten Punkt, der ebenso wichtig, aber lange nicht so selbstverständlich ist:

c) Gegen den »Herdentrieb« kämpfen

Gegen den Herdentrieb zu kämpfen fällt niemandem leicht. Erst recht **111** nicht, wenn man sich bei der Examensvorbereitung allein auf die eigene AG verlässt. Kopfschütteln und Mitleid sind die ersten Reaktionen der anderen. »Keine Kohle für den Repetitor?«, »Seid ihr wahnsinnig?« und »Wie soll das gut gehen?« sind die ersten Fragen, die an ein solches Projekt gerichtet werden. Am Anfang ist das Gefühl des Außenseiters wahrscheinlich größer als in der wohlig warmen Atmosphäre der Examensgruppe inmitten hundert anderer Mitstreiter, die dem Frontmann lauschen.

Doch schon sehr bald werden die anderen erkennen, dass sie eben keine echten Mitstreiter an ihrer Seite haben. Und das ist die fundamentale Erkenntnis in der AG: **Miteinander!** Nicht durch einen anderen, sondern **mit** einem anderen arbeiten und lernen Sie. In jeder Situation, in jeder Minute der Vorbereitung haben Sie jemanden, den Sie fragen können, der sich mit Ihnen austauscht, der häufig genau die gleichen Ängste, Probleme und Erkenntnisse hat, jemand, der Fähigkeiten hat, von denen Sie profitieren können, wie der andere eben von Ihren Fähigkeiten profitiert. Sie haben jemanden, der mit Sicherheit vorher ebenfalls alles Verfügbare zu dem Thema gelesen und zu verstehen versucht hat, jemand, der sich mit demselben Thema ähnlich fundiert wie Sie auseinander gesetzt hat. Darauf können Sie sich beim Rep nicht ohne weiteres verlassen. Für ein Problem hat daher garantiert ein anderer aus der AG-Gruppe die Lösung und wenn nicht, dann haben alle das gleiche Problem. Eine Gruppe, die auf lange Lebensdauer und ein wichtiges Ziel ausgerichtet ist, macht stark. Ihnen kann nichts mehr passieren, Sie sind eine Einheit, können und müssen sich auf einander verlassen. Was soll da übersehen werden? Warum auf einen einzigen Lehrer vertrauen, wenn man derer viele haben kann? Warum konsumieren, wenn man anwenden kann?

Je mehr Vertrauen den anderen gegenüber aufgebaut wird, um so größer wird das Vertrauen, das in einen selbst gesetzt wird. Dieser Verstärkungseffekt hat zur Folge, dass zum einen Selbstbewusstsein und Selbstsicherheit aufgebaut und zum anderen Soft Skills wie Hilfsbereitschaft und Verantwortungsbewusstsein geschult werden. Und von diesen Fähigkeiten braucht man später im Beruf einige.

Je länger die Gruppe miteinander arbeitet und je eher sich die ersten Erfolge (etwa im Klausurenkurs) einstellen, um so eher weichen die mitleidigen bis boshaften Fragen einem bewunderndem »Die machen das alleine – und das auch noch mit Erfolg!«. Aus der Gruppe entwickelt sich eine einzigartige und nicht messbare Kraft. Gleichzeitig ist das »Wir-Gefühl« eben gerade, weil es sich nicht einreden und planen lässt, ein hervorragendes Kontrollinstrument. Wenn es sich nämlich nicht einstellt, sollten Sie sich die Frage stellen, ob die Vorbereitung wirklich so gut läuft, ob man sich wirklich vertraut und ob man wirklich alles mit den anderen teilt.

Als Zusammenfassung lässt sich also sagen: In einer funktionierenden AG stellt sich ein stärkendes und gesundes »Wir-Gefühl« ein. Es wird Sie mit Stolz erfüllen, dass Sie und Ihre AG-Kollegen erfolgreich gegen den Strom schwimmen.

d) Leistungsunterschiede, Krankheit und Urlaub

112 Dieses letzte echte Kapitel der Probleme, die eine AG zerstören können, wird vor allem mit einigen kleineren Vorurteilen aufräumen.

Vornoten spielen im Examen keine Rolle und können nicht als Gradmesser für Leistungsunterschiede herangezogen werden.

Da wäre zunächst die Mär vom Leistungsunterschied. Viele Studenten, die zu Anfang geneigt wären, eine AG zu gründen, sehen sich nicht in der Lage, einen »gleich guten« Partner zu finden. Abgesehen davon, dass dies meistens eher ein Problem der gemeinsamen Zielbestimmung ist, kommt es keineswegs darauf an, für wie gut oder wie schlecht man sich **vor** der AG gehalten hat. Sobald zwei Personen das gleiche Ziel im Examen haben (Beispiel: 9 + x), ist es doch völlig egal, um welchen Grad die großen Scheine voneinander abweichen. Die Vorkenntnisse sollte man nicht überbewerten. Erst in der echten Vorbereitungszeit zeigt sich doch, wer das Examen ernst nimmt und wer nicht. Am ehesten wird man seinen AG-Partner an dessen gesundem Menschenverstand beurteilen können und dürfen. Allerdings wird man ohnehin keine AG mit jemandem gründen, den man für stark unterbelichtet hält.

Viel schlimmer wiegen vermeintliche Leistungsunterschiede, wenn sie erst innerhalb der AG auftreten. Jedoch handelt es sich dabei meistens um ein psychologisches Phänomen und nicht um objektive Tatsachen. Der Glaube, für andere »zu gut« zu sein, ist entweder ein Irrtum oder jedenfalls nicht schädlich. Wie gut der »Gute« wirklich ist, zeigt sich, wenn er es dem »Schlechten« erklärt hat. Dabei lernt der »Gute« zu argumentieren und der »Schlechte« wird, wenn es wirklich gut erklärt wurde, nicht mehr lange der »Schlechte« bleiben. Logisch, oder?

Im Grunde lässt sich das Problem des Leistungsunterschieds doch nur **113** in zwei Gruppen einteilen: Zum einen der Gedanke, als AG-Leiter zu schlecht zu sein. Dies ist ebenfalls häufig ein Irrtum. Man sollte den Druck, eine AG leiten zu müssen, als Ansporn zu besonders besonnener und gründlicher Erarbeitung des Themas nehmen. Objektiv können Sie dabei kaum etwas falsch machen, da Sie die Lösungsskizzen ja einsehen und sofort nachvollziehen können. Etwas fahrlässig auslassen oder übersehen werden Sie auch nicht. Zur Not sind ja noch die anderen da, die einen darauf hinweisen werden, dass etwas Elementares vergessen wurde.

Zum anderen ist da natürlich häufig die Angst, als Teilnehmer den Anforderungen nicht zu genügen. Häufig genügt schon ein Blick nach rechts und links, um zu erkennen, dass man auch nicht wesentlich schlechter ist als die anderen. Zum anderen aber gehört zu einer gemeinsamen Vorbereitung, dass diejenigen, denen ein Fall keine oder wenig Probleme bereitet, es den anderen, die Schwierigkeiten mit der Lösung haben, richtig erläutern. Selbst wenn also jemand hinter den Kenntnissen der anderen zurückbleibt, profitieren durch wiederholtes und gezieltes Erklären beide Seiten. Irgendwann wird es für denjenigen, der sich immer alles erklären lässt, ein Ansporn sein, bei einem anderen Thema mehr zu wissen als der Rest der Gruppe. Zur Kontrolle darf man ruhig auch einmal einen Kommilitonen fragen, der beim Repetitorium schon Baurecht hatte, was es mit heranrückender Wohnbebauung im Außenbereich so auf sich hat. Man sollte dann nicht erstaunt sein, wenn derjenige das ganze nur genauso oberflächlich bzw. gar nicht erläutern kann, wie man es von sich selbst meinte. Da ist die AG doch die wesentlich bessere Hilfe.

Alle übrigen Determinanten wie Krankheit und Urlaub sind hinzunehmen und können in keiner anderen Vorbereitungsform ausgeschlossen **114** werden. Eher als beim Repetitor können Sie sich in der AG noch auf einen gemeinsamen Urlaub einigen. Wenn allerdings ein Teilnehmer unbedingt für drei Tage zur Familie nach Italien reisen muss oder wegen Lungenentzündung drei Wochen ausfällt, dann ist so zu verfahren wie sonst auch: Derjenige, der die AG-Stunde verpasst, sollte sie im eigenen Interesse nacharbeiten und möglichst schnell wieder den Anschluss finden. Ist jemand häufiger abwesend, so ist auf den AG-Vertrag zu verweisen. Im Grunde ist es aber in höchstem Maße unrealistisch, dass jemand mutwillig ein gemeinsames Arbeiten torpediert. Und selbst auf Krankheit kann sich eine Vierer-AG zur Not besser einstellen als ein Repetitor. In Betracht kommt z.B. die Vorverlegung einer Urlaubswoche oder Nacharbeiten der anderen.

e) Notbremse

115 Streng genommen sind wir damit am Ende des »Konflikte«-Kapitels. Es ist klar, dass es nicht gelingen kann, alle möglichen Konflikte von vornherein auszuschalten oder gar nicht erst entstehen zu lassen. Klar ist auch, dass in dem Moment, in dem bei mehr als der Hälfte der Mitglieder die Bereitschaft fehlt, konstruktiv zusammen zu arbeiten, eine AG zerbricht. Diese Gefahr sollte zwar bei der Gründung der AG bedacht und daher minimiert worden sein, ist aber in der Tat nicht auszuschließen.

In einer solchen Situation hilft es nichts, wenn jemand weitermacht, der dies partout nicht mehr für sinnvoll hält. Der Prozess muss aber vorhersehbar sein. Damit ist gemeint, dass es für die anderen, die sich auf die AG verlassen, vorhersehbar sein muss, wann und warum die AG zerfällt. Mit anderen Worten: In den Feedback-Runden ist anzudeuten, woran es fehlt. Der Gruppe muss die Chance gegeben werden, den Mangel zu beheben. Erst danach, zu einem fest bestimmten, aber flexibel festzulegenden Termin kann als letzte Lösung die »Notbremse« gewählt werden. Die AG ist dann abzuwickeln, wobei die übrigen Gelegenheit erhalten haben müssten, sich zeitig nach alternativen Vorbereitungsformen umzusehen oder neue Mitglieder zu gewinnen.

Auch bei der »Notbremse« sollte klar sein, dass diese nicht einfach aus Disziplinlosigkeit angewandt werden sollte. Es muss jedem Teilnehmer klar sein, dass dies nur das allerletzte Mittel ist, sich aus einer echten Verpflichtung zu lösen. Aber mal ehrlich: Es beruhigt zwar, dass in der S-Bahn eine Notbremse hängt. Haben Sie hingegen schon mal erlebt, dass diese ernsthaft benötigt wurde?

116 Wir haben dieses Buch geschrieben, um Sie vor der Situation zu bewahren, die Notbremse ziehen zu müssen. Die Toolbox, die wir Ihnen zur Verfügung stellen, hat – das haben die Feedbacks von unseren Workshopteilnehmern gezeigt – zum Erfolg vieler AGs geführt mit Examensnoten, die bei einem großen Repetitorium auf den Werbeplakaten stehen würden. Sie haben die Chance, zusätzlich entscheidende Fertigkeiten für ihr Berufsleben zu sammeln. Nutzen Sie diese!

2.5.4 Feedbackregeln zur proaktiven Problemvermeidung

Um gegenüber anderen Menschen sensibel zu werden und die gemein- **117** same Arbeitssituation richtig einschätzen zu lernen, sind regelmäßige Feedback-Gespräche unverzichtbar. So abgedroschen dies klingen mag: Nur ein bewusstes und gezieltes Feedback ist das richtige Mittel gegen den offenen und unversöhnlichen Ausbruch vieler Konflikte.

Häufig mag man nicht als erster damit beginnen, unangenehme Dinge auszusprechen, die Angst vor Verletzungen verhindert häufig ein fruchtbares Gespräch genauso wie mangelhafte Sensibilität. Auf der einen Seite »schluckt« man gewissen Ärger lieber hinunter als die unangenehme Wahrheit auszusprechen. Man erlebt auch häufig, dass jemand ohne böse Absicht Stimmungsschwankungen und unterschwellige Aggressionen überhaupt nicht wahrnimmt. Daher ist es absolut notwendig, sich den anderen mitzuteilen. Das müssen Sie nicht von sich aus und unvermittelt machen. Viel geschickter ist es, eine vierzehntägige oder monatliche Feedback-Runde im Anschluss an die letzte AG-Sitzung abzuhalten.

In einem solchen »institutionalisierten Rahmen« ist es völlig klar, dass jeder einmal für sich über seine Ängste gegenüber sich selbst und seine Erfahrungen mit der AG reflektiert und das Ergebnis den anderen mitteilt. Ausgangspunkt des Gesprächs kann der AG-Vertrag sein, der von allen Teilnehmern zur Bewertung ausgefüllt werden kann. Es entsteht ein strukturiertes Gespräch, das entstehenden Ärger schon im Ansatz entschärft, also in einem Stadium, wo noch alles zu retten und noch nichts verloren ist.

Es kann natürlich auch derjenige Feedback geben, der (erfreulicherweise) **im Moment** keinerlei Beklemmungen empfindet. Ein Feedback-Gespräch kann durchaus aus lauter positiven Rückmeldungen bestehen. Auch dies stärkt das Gruppengefühl, schweißt zusammen und unterbindet das Konfliktpotenzial.

Wichtig ist letztlich nicht, dass es zu keinerlei Konflikten kommt, sondern dass diese sinnvoll kanalisiert und entschärft werden. Nur über ein Feedback lässt man die richtige Fairness walten und gibt allen gleichermaßen Gelegenheit, ständig das Arbeitsklima zu verbessern.

Im Grunde stellt sich die regelmäßige, vorher festgelegte Feedback-Runde dann als Art Forum dar. Wichtigster Effekt neben der Konfliktfrüherkennung ist die Offenheit. Solange man es im Gespräch offen aussprechen kann, dürfte nichts mehr übrig bleiben, was unter der Oberfläche gärt und die Atmosphäre zu vergiften droht.

2.6 Besonderheiten der AG im Studium

118 Die AG im Studium bietet drei große Chancen: Zum einen können Sie die Noten in den Scheinen/Seminaren durch eine ernsthaft betriebene private Arbeitsgemeinschaft erheblich verbessern und Ihre Eltern beeindrucken. Zum anderen können Sie unverbindlich sowohl die Methodik als auch die Teilnehmer Ihrer AG für den Ernstfall »Examens-AG« testen. Zum Dritten lernen Sie in einer AG gegenüber dem Einzelstudium immer etwas dazu – nicht nur inhaltlich, sondern auch in sozialer Hinsicht.

119 Zum ersten Punkt: Die Ausführungen in diesem Handbuch gelten sinngemäß auch für eine Vorbereitungs-AG auf Große Scheine, Seminarthemen oder natürlich die Schwerpunktprüfung (Zum Schwerpunktbereich s.o. Rn 14a ff.). Es versteht sich allerdings von selbst, dass die strenge Disziplin, mit der man eine Examens-AG aufziehen sollte, nicht unbedingt auch für eine kleine Lerngruppe zu gelten hat. Das ist zwar wünschenswert, aber wohl übertrieben. Zum einen dient die strenge Disziplin bei der Examensvorbereitung der schlichten Notwendigkeit, dass man ohne diese Disziplin ein so großes und kompliziertes Unterfangen wie die Examensvorbereitung nicht richtig steuern kann. Zu lange ist der Vorbereitungszeitraum, zu groß die Verunsicherung und zu schwierig ist es, die Motivation und die positive Spannung der Lern- und Vorbereitungsphase durchzuhalten. Das gilt nur bedingt für andere AG-Ziele. In der Regel ist das Ziel überschaubar und bis auf Bestehen oder Nichtbestehen meist gänzlich unwichtig. Kein noch so wichtiger AG-Schein wird je über Referendarsstelle, Arbeitsplatz, Lebensstil und damit über die Zukunft des Juristen entscheiden. Gleichwohl kann die AG Ihr Wissen und die verlangte Methodik bereits im Grundstudium ganz erheblich erweitern. Alle der im Buch genannten Tools werden Sie dabei unterstützen. Sie sollten Ihren AG-Plan allerdings auf Semesterbasis entwickeln und mit den jeweiligen Anforderungen der Universität abstimmen. Die Häufigkeit der AG-Treffen sollte auch während des Semesters nicht ein bis zwei Treffen pro Woche überschreiten, da Sie mehr universitäre Verpflichtungen haben (z.B. Übungen, Hausarbeiten etc.) als während der Examensvorbereitung.

120 Zum zweiten und dritten Punkt: Sie dürfen eine »kleine AG« natürlich genauso aufziehen wie eine Examens-AG. Der Unterschied ist nur, dass das, was für die Examens-AG eine schlichte Notwendigkeit darstellt, für eine »kleine AG« höchstens wünschenswert ist (eine Ausnahme gilt natürlich für die Schwerpunktprüfungs-AG). Trotzdem gilt: Was gibt es besseres als einen nahezu kostenlosen Testlauf für später, selbst wenn Sie es nicht mit allen Regeln so genau zu nehmen brauchen?

Beachten sollten Sie aber in jedem Fall den fairen Umgang miteinan- **121**
der, ein klar formuliertes AG-Ziel mit entsprechendem Lern- und Vor-
bereitungsplan sowie ständige Qualitätsverbesserung durch gegenseiti-
ges Feedback. Nehmen Sie aber auch die »Probe-AG« insoweit ernst, als
die Tatsache, dass es sich »nur« um eine »Probe« handelt, nicht als Ent-
schuldigung für Disziplinlosigkeit dienen darf. Die kleine AG kann
andererseits aber getrost dazu dienen, Fehler zu machen, die dann in der
Examens-AG nicht wiederholt werden. Dass nebenher schon Soft Skills
wie Teamwork und Kommunikation trainiert werden, ist ein weiterer
angenehmer Nebeneffekt der AG im Studium.

Sollte nach Ihrer Prüfungsordnung das Schwerpunktfach schon vor **122**
den Klausuren der Ersten juristischen Staatsprüfung abgeprüft werden
(siehe § 5d DRiG), bietet sich eine Schwerpunktfach-AG an, für die alles
in diesem Buch Gesagte sinngemäß gilt (siehe auch oben Rn. 60 ff.).
Läuft diese AG gut, können Sie mit den gleichen AG-Partnern in die
Pflichtfachprüfungen durchstarten.

2.7 Besonderheiten der repetitoriumsbegleitenden AG

2.7.1 Das Problem

Die AG als Begleitung zum Repetitorium ist möglich, wenn wir diese **123**
Kombination auch nicht empfehlen. Eine AG ist, genauso wie der
Besuch eines Repetitoriums, ein Full- Time-Job und beides zusammen
dürfte Ihre zeitlichen Kapazitäten und Ihre Aufnahmefähigkeit sprengen. Aus unserer eigenen Erfahrung können wir leider von keiner erfolgreich durchgeführten Kombination AG/Repetitor berichten. Die guten
Vorsätze, den Stoff des Repetitoriums in der AG nachzubereiten,
schwinden schnell und nach einigen Wochen wird die AG zugunsten (?)
des Repetitoriums eingestellt. Sie müssen sich deshalb entscheiden, welche Art der Examensvorbereitung Sie wählen wollen.

Wenn Sie es trotzdem versuchen wollen, sollten Sie folgende Punkte **124**
beachten:

- Der AG-Plan muss mit dem Repetitor-Plan abgestimmt sein. Die
  AG-Stunde ist die Wiederholung und Vertiefung des im Repetitori-
  um behandelten Stoffes. Dort sollten Sie die behandelten wichtigen
  Fälle sowie die nicht behandelten Fälle durchgehen
- Die Wiederholung in der AG sollte zeitlich versetzt mind. 2 Wochen
  später stattfinden

2.7.2 Tipps und Tricks der Examensvorbereitung beim Repetitor

125 Wenn Sie sich schon für den Besuch beim Repetitor entscheiden, müssen Sie auch hier den Herdentrieb verlassen und Ihr Jahr beim Repetitor planen. Besorgen Sie sich frühzeitig den langfristigen Zeit- und Lehrplan und stimmen Sie Ihren Lernrhythmus und Ihre Freizeit darauf ab. Messen Sie der einzelnen Veranstaltung höchste Priorität bei und versäumen Sie keine Stunde. Es wäre fahrlässig, seiner aus geringerem Gruppendruck resultierenden Neigung zur Unverbindlichkeit der Unterrichtsstunden nachzugeben. Im Prinzip gilt alles, was bisher für die AG gesagt wurde, in besonderem Maße für den Besuch eines Repetitoriums. Das Repetitorium ist Ihr Projekt. Sie müssen sich aber noch mehr als in einer AG zum **aktiven Lernen** und **aktiven Teilnehmen** zwingen. Dies bedeutet:

126 • Wenn Sie schon keinen eigenen Lernplan erstellen: Bei jedem Rechtsgebiet durch das Inhaltsverzeichnis des Skripts eine erste Übersicht verschaffen. Benutzen Sie die SQ3R-Methode bei der Bearbeitung der Skripten (siehe unten Rn. 164).
• Den Stoff vorher lernen. Die Rep-Stunde sollte wie eine AG-Stunde nur Wiederholung und Vertiefung sein und nicht die erste Begegnung mit dem Stoff. Nur so können Sie kontrollieren, ob der Stoff »sitzt«.
• Planen Sie kleinlichst Ihre Wiederholungseinheiten in den Wochenplan ein. **Wiederholen ist genauso wichtig wie Lernen.** Es nützt nichts, wenn Sie etwas Neues lernen, dafür aber alten Stoff vergessen.
• Verlassen Sie sich nicht passiv auf die mitgelieferten Skripten, Übersichten und Karteikarten. Arbeiten Sie aktiv mit den Materialien: Eine Übersicht zu den Grundpfandrechten oder zum EBV hilft Ihnen nur, wenn Sie alle Elemente der Übersicht wirklich verstanden haben. Erarbeiten Sie sich die Übersicht durch Ergänzungen und Verweise selbst. Das gleiche gilt für fertige Karteikarten.
• Beteiligen Sie sich so aktiv wie möglich am Unterricht. Melden Sie sich häufig zu Wort und ignorieren Sie die viel sagenden Blicke Ihrer Nachbarn (»Streber«…). Fragen Sie Ihren Repetitor, wenn Ihnen etwas unklar ist; Sie haben teuer dafür bezahlt! Machen Sie ein Spiel daraus, den Repetitor in Bezug auf Sach- und Fachkenntnis zu »schlagen«. Wenn der Repetitor Ihre Benchmark ist, versuchen Sie bitte, besser zu sein.

127 Da Sie in einem Repetitorium zwangsläufig weniger Fälle aktiv lösen werden als in einer privaten Arbeitsgemeinschaft, müssen Sie dieses

Verhältnis in den Wiederholungsphasen zugunsten der eigenständigen Falllösung verändern. Benutzen Sie die **Fall-Spot**-Methode (s. Rnr. 174), indem Sie sich während des Unterrichts Fälle markieren, die Sie entweder für besonders wichtig halten oder die Sie nicht verstanden haben. Diese Fälle lösen Sie dann als Wiederholung mittels einer Lösungsskizze eigenständig nochmals durch. Was noch nicht sitzt, muss dann vertieft werden.

2.8 Besonderheiten der AG begleitend zum Referendariat

Eine AG zur Vorbereitung auf das Assessorexamen unterscheidet sich im **128** Grunde nicht von der AG zur Vorbereitung auf das Referendarexamen. Alles, was Sie in diesem Buch bisher gelesen haben, ist anwendbar. Es gibt nur ein paar Besonderheiten, die wir Ihnen in diesem Kapitel vorstellen wollen. Die Veränderungen des Referendariats durch die Ausbildungsreform haben keine Auswirkungen auf die Examenvorbereitung. Die Reform wird nur den jetzt schon erkennbaren Trend verstärken, Aufgaben aus anwaltlicher Sicht zu stellen.

2.8.1 Warum eine AG während des Referendariats?

Die Frage ist rhetorisch. Auch für das Assessorexamen ist eine Lern-AG **129** eine gute und vielfach erprobte Vorbereitungsform. Während des Referendariats ist eine AG aber noch sinnvoller als zur Vorbereitung des Ersten Staatsexamens. Alle Vorteile dieser Lernform kommen hier besonders deutlich zum Vorschein:

Die AG bietet das, was Sie nirgendwo anders bekommen. Denn eine vergleichbare Examensvorbereitung gibt es auf dem »Markt« nicht. Es gibt zwar auch kommerzielle Kurse zur Vorbereitung auf das Zweite Staatsexamen, diese bieten aber kaum eine systematische Wiederholung des Erstexamensstoffs. Genau wie in Ihrer Station oder im begleitenden Unterricht am Landgericht wird das materielle Recht schlicht vorausgesetzt. Eine Wiederholung dieses Stoffes ist aber notwendig. Selbst wenn Sie direkt nach dem ersten Examen Ihr Referendariat beginnen, vergehen vom Ende des Studiums bis zur schriftlichen Prüfung des Zweiten Examens fast zwei Jahre! Wie viel Sie schon in wenigen Wochen vergessen, wird Ihnen sicherlich aus der Vorbereitung auf das Erste Examen schmerzlich in Erinnerung sein. Zudem haben auch die Klausuren im Zweiten Examen überwiegend einen Schwerpunkt im materiellen Recht. Folge daraus ist, dass Sie den gesamten Stoff über eine lange Zeit konservieren müssen; dies geht nur durch planmäßige Wiederholung.

So bietet es sich an, schon kurz nach Beginn des Referendariats erneut eine AG zu gründen und systematisch sowohl das materielle Recht wie auch das Prozessrecht und den neu hinzukommenden Stoff für das Assessorexamen zu lernen, zu wiederholen und aufzuarbeiten.

130 Ein weiterer Vorteil ist der frühzeitige »sanfte« Druck, wieder mit dem Lernen zu beginnen. Sie müssen sich bewusst sein, dass Sie während des Referendariats unter erhöhtem Zeitdruck stehen. Je nach Belastung in der Station durch mehr oder weniger motivierte Ausbilder sind unter Umständen schon mehrere Tage in der Woche weg: Akten für mündliche Verhandlung lesen, Verhandlungstag, Akte selbst bearbeiten, Entwurf fertigen, Sitzungsdienst in der Strafstation. Hinzu kommt der begleitende Unterricht am Landgericht. Eine AG hilft Ihnen, sich schon frühzeitig und regelmäßig Zeit für die Examensvorbereitung zu nehmen. Wenn Sie bis nächste Woche die Einzelzwangsvollstreckung für die AG vorbereiten müssen, werden Sie sich die Zeit nehmen und im Zweifel Ihre Stationsarbeit einfach etwas schneller erledigen. Ohne die AG wird die Examensvorbereitung leicht auf ruhigere Zeiten verschoben, in Baden-Württemberg z.B. in die zweite Anwaltsstation, die dann zum »Abtauchen« und Lernen benutzt wird. Diese Zeit ist nicht ausreichend. Es kommt für das Zweite Examen eine enorme Stofffülle hinzu, die nur bei frühzeitigem Lernbeginn bewältigt werden kann. So abgedroschen es klingt: Der erste Tag Ihres Referendariats ist der Beginn der Examensvorbereitung auf das Assessorexamen. Und noch eines: Hinausschieben können Sie – im Gegensatz zum Ersten Examen – den Examenstermin nicht. Mit Ihrer Zulassung zum Referendariat steht der Termin der ersten Aufsichtsklausur i.d.R. bereits fest!

2.8.2 Die spezifischen Probleme der AG im Referendariat

131 Spezifische Probleme im Vergleich zum Ersten Staatsexamen gibt es keine. Sie werden nur schnell merken, dass die Organisation der AG ein höheres Maß an Flexibilität voraussetzt. Im Gegensatz zum Ersten Examen, wo Sie im Prinzip »nur« die AG, eventuell den Schwerpunktbereich und einen Klausurenkurs zu koordinieren haben, kommen im Referendariat die unterschiedlichen Termine der AG-Partner mit ihren verschiedenen Ausbildern hinzu. Jeder Ausbilder hat seinen eigenen Rhythmus und jeder AG-Partner hat von Woche zu Woche ein unterschiedliches Arbeitspensum zu erledigen. Deshalb wird es unvermeidlich sein, AG-Treffen von Zeit zu Zeit kurzfristig zu verlegen. Es wird schwierig sein, einen festen AG-Wochentag zu finden, es sei denn, die

AG wird in die Abendstunden oder auf das Wochenende verlegt. Wir haben immer wieder berichtet bekommen, dass eine gemeinsame Terminfindung schwierig sei, weil der jeweilige Ausbilder seinen Referendar kurzfristig sehen wollte. Dazu ein Tipp: Reden Sie mit Ihrem Ausbilder. Sagen Sie ihm, dass Sie eine AG gegründet haben und bitten Sie ihn, auf »Ihren« AG-Tag keine gemeinsamen Termine zu legen. In den allermeisten Fällen wird Ihr Ausbilder freudig erstaunt sein über Ihre planvolle und frühzeitige Examensvorbereitung und Rücksicht auf Sie nehmen. Nur: fragen müssen Sie.

2.8.3 Die Organisation

Das Auffinden von AG-Partnern ist im Referendariat viel einfacher als **132** während des Studiums. Sie sind mit Ihren Kollegen im Klassenverband und haben somit ca. 20 potenzielle AG-Partner. Schon während des Einführungslehrganges haben Sie die Möglichkeit, die anderen zu »beschnuppern« und möglichen Kandidaten Ihr Vorbereitungsprogramm vorzustellen. Die anderen werden überrascht sein, aber mit diesem Buch haben Sie genug Argumente zur Hand, um Ihre Mitstreiter zu überzeugen. Es ist zwar nicht zwingend, AG-Partner aus der Landgerichts-AG zu rekrutieren, es bietet sich aber an und vereinfacht vor allem die Terminabstimmung. So kann das wöchentliche AG-Treffen z.B. immer nach dem Unterricht im Landgericht stattfinden. Fragt man den Ausbildungsleiter, dürfen Sie vielleicht sogar einen Raum im Gericht für Ihre AG belegen.

Bezüglich der Häufigkeit der AG-Treffen müssen Sie sich im Klaren **133** darüber sein, dass mehr als ein Treffen pro Woche auf Grund Ihrer Belastungen mit der Stationsarbeit wohl nicht möglich ist. Die AG muss zwar nicht sofort in der ersten Woche beginnen. Wenn Sie aber sinnvollerweise zwischen 50 und 60 AG-Treffen durchführen wollen (vgl. Muster-Plan für das Zweite Examen, unten Rn. 216 ff.), müssen Sie bei einem AG-Treffen pro Woche unter Zugrundelegung der 6-Wochen/1- Woche-Regel (siehe oben Rn. 69 ff.) ca. ein Jahr rechnen. Mit drei Monaten Wiederholungszeit ohne AG-Treffen sollten Sie also spätestens nach drei Monaten mit der gemeinsamen Arbeit beginnen. Dies lässt auch noch genug Zeit, um mit den Partnern ein paar Probe-AG-Stunden zu absolvieren.

Für die Stoffverteilung empfehlen wir, ungefähr ein Drittel der Zeit **134** auf das Prozessrecht und zwei Drittel auf das materielle Recht zu verwenden. Das materielle Recht kann naturgemäß nur sehr komprimiert wiederholt werden. Waren z.B. im Ersten Examen fünf Stunden für das Immobiliarsachenrecht vorgesehen, sollte dieses komplizierte Thema jetzt in einer Stunde bewältigt werden. Gerade hier sollten Sie Schwerpunkte nach Ihren persönlichen Stärken und Schwächen setzen. Bezüglich der Fallauswahl ergibt sich daraus natürlich die Folgerung, dass die einzelnen Themen nicht erschöpfend mit Fällen abgedeckt werden, sondern nur exemplarisch behandelt werden können. Noch mehr als im Ersten Examen bietet es sich deshalb an, eher große als kleine Fälle zu bearbeiten. Schon früh sollten zudem regelmäßig Originalklausuren aus dem Zweiten Examen behandelt werden, da im Assessorexamen viel Wert auf die Einhaltung der Formalien (Tenor, Tatbestand, Aufbau) gelegt wird. Bewährt hat sich deshalb ein Mix aus zwei bis drei Erst-Examensfällen (aus JuS, JA, Jura etc.) kombiniert mit einem Zweitexamensfall. Durch den hohen Leseaufwand gerade bei den Aktenauszügen der Assessorklausuren sollten diese einige Tage vorher ausgeteilt und von den AG-Teilnehmern zu Hause schriftlich skizziert werden. Aus dem Stand heraus lässt sich eine Assessorklausur nur schwer lösen. Um die Formalien zu Hause vertiefen zu können, empfiehlt es sich zudem, die Lösungen der Assessorklausuren gleich mitzukopieren und den AG-Partnern mit nach Hause zu geben.

135 Wichtiger Bestandteil der Examensvorbereitung ist ein regelmäßiges Klausurentraining. Zwar schreiben Sie am Landgericht Probeklausuren und in der Regel auch ein Probeexamen. Hier hängt aber viel von der Organisation am Landgericht ab. Nachteil der Klausuren am Landgericht ist, dass Ihnen im Regelfall keine ausformulierten Lösungsskizzen zur Verfügung gestellt werden, da es sich durchweg um Originalklausuren handelt, die unter »Verschluss« sind. Dies ist bedauerlich, kommt es doch mehr als im Ersten Examen auf die Darstellung an. Sollten an Ihrer Stammdienststelle nur wenige Klausuren angeboten werden, sollten Sie deshalb nicht zögern, einen kommerziellen Klausurenkurs mit Korrektur zu buchen. Dies ist etwas, was die AG nicht leisten kann. Sie sollten mindestens sechs Monate lang jede Woche eine Klausur schreiben, um über ausreichend Routine zu verfügen.

2.9 Zusammenfassung

136 Der Projektablauf Ihrer Examens-AG besteht aus vier Schritten: Nachdem Sie sich aus nahe liegenden Gründen für die Vorbereitungsform der privaten Arbeitsgemeinschaft entschieden haben, gilt es zunächst, Ihre Examens-AG zu gründen und die ihr innewohnenden Regeln in Erfolg versprechender Weise zu etablieren. Danach ist viel Sorgfalt auf die Erstellung des Lernplans zu verwenden, ein Schritt, der Sie schon erheblich weiter bringt als die meisten Ihrer Kollegen, die sich auf eine weniger aktive Art auf das Examen vorbereiten möchten. Danach sind bestimmte Dinge für die Durchführung der AG selbst zu beachten und schließlich haben Sie das gesamte Projekt durch gezielte und bewusste Problemprävention auf Kurs zu halten.

Bei der richtigen Wahl des AG-Typs empfehlen wir die anwendende AG, in der Fälle gelöst werden, da sich diese Art der AG am ehesten am Anforderungsprofil des Examens orientiert.

Wir behaupten, dass es keine Schwierigkeiten bereiten dürfte, AG-Partner zu finden, solange man einige Grundregeln beachtet und die **Initiative** ergreift. Setzen Sie sich ein gemeinsames Ziel, definieren Sie einen Rahmen mit Spielregeln und machen Sie sich klar, dass Sie miteinander **arbeiten** wollen – nicht mehr, aber eben auch nicht weniger.

Wenn wir von Spielregeln sprechen, so ist damit ein wenig mehr gemeint: Wir haben die Erfahrung gemacht, dass ein wichtiger Bestandteil der privaten Arbeitsgemeinschaft die gemeinsame Festlegung auf verbindliche, von allen anerkannte Arbeitsabläufe bedeutet, also durchaus im Rahmen eines sozialen, nicht juristischen Vertrags. Das klingt übertrieben, bewahrt aber vor Missverständnissen und macht den Ernst der jeweiligen Absicht deutlich. Außerdem regelt solch ein »AG-Vertrag« die praktischen Dinge wie die Häufigkeit der Sitzungen, deren Anzahl und die Rechte und Pflichten von Teilnehmern und AG-Leiter.

Davon zu unterscheiden ist der AG-Plan, der maßgeschneidert zum gewählten Vorbereitungskonzept passt und eine erste Auseinandersetzung mit dem im Examen erwarteten Stoff verlangt. Entscheiden Sie gemeinsam anhand Ihres Lerntyps, wie Sie die Verbindung von Vollständigkeit des Lernstoffs und dem Prinzip der Falllösung verwirklichen können, indem Sie die Anzahl der AG-Stunden auf den Lernstoff verteilen und anschließend die einzelnen AG-Stunden organisieren. Beachten Sie dabei auch praktische Dinge, etwa wo die einzelnen AG-Sitzungen stattfinden sollen, wann für wie lange Urlaub eingelegt werden soll und wie der wichtige Klausurenkurs an der Uni zeitlich untergebracht werden soll. Der wichtigste Erfolg bei der Erstellung Ihres Lernplans ist die Erkenntnis, dass der Lernstoff endlich ist und sich tatsächlich in überschaubare Größen einteilen lässt. Außerdem haben Sie dadurch bereits einen ersten Überblick gewonnen. Es wird nicht mehr passieren, dass Sie sich im Stoff »verloren« fühlen.

Vor der AG-Sitzung ist zu beachten, dass der Stoff möglichst bereits Wochen vorher vorbereitet wurde und nicht noch im Kurzzeitgedächtnis gespeichert ist. Daher beginnt die Vorbereitungsphase idealerweise lange vor der ersten Sitzung. Nur dann erfüllt die AG-Sitzung ihren doppelten Zweck als examensnahe (weil anwendende) Lernkontrolle und erste Wiederholung. Als AG-Leiter müssen Sie vor allem die Angst ignorieren, etwas zu vergessen. Wir versichern Ihnen, dass das bei gut vorbereiteten Teilnehmern nicht passieren kann, ohne dass es in der Sitzung zur Sprache kommt. Genauso wichtig ist, dass Sie lernen, das Gespräch konstruktiv zu lenken – auch und gerade, wenn Sie sich dabei gegen andere durchsetzen müssen. Im Laufe der Vorbereitungszeit sollten Sie die Anforderungen an die Qualität der Antworten und Falllösungen erhöhen. Werden Sie kritischer mit Ihren Kameraden, erhöhen Sie langsam das Niveau der besprochenen Fälle (von PdW zum Examensklausurfall) und achten Sie verstärkt auf Strukturdenken statt auf Einzelwissen, ohne natürlich die wichtigen Definitionen zu vernachlässigen. Man kann es nicht oft genug wiederholen: Bereiten Sie die AG-Sitzung unbedingt nach – vor allem die Fälle, mit denen Sie Mühe hatten!

In regelmäßigen Abständen ist ein Feedback-Gespräch abzuhalten, um das Projekt auf Kurs zu halten. Machen Sie sich vorher klar, dass es in einer derart belastenden Situation der Examensvorbereitung immer wieder zu Konfliktsituationen kommen kann, die im übrigen nicht unbedingt AG-spezifisch sein müssen. Bereiten Sie sich darauf vor, mit anderen streiten zu müssen – allerdings konstruktiv – eine bessere Vorbereitung auf das Berufsleben gibt es kaum. Hinterfragen Sie Ihr eigenes Verhalten anderen gegenüber und räumen Sie damit mögliche Konflikte schon im Vorfeld aus dem Weg. Wir haben die Erfahrung gemacht, dass sich innerhalb Ihrer kleinen Gruppe sehr schnell ein Gefühl absoluter Zusammengehörigkeit entwickelt statt eines Schwelbrandes kleiner und großer Streitpunkte. Bei Motivationsproblemen gibt es immer einen, der helfen kann, weil er sich gerade noch oder schon wieder in einer Phase der Zuversicht befindet. Bei Versagensängsten haben Sie die direkte Kontrolle darüber, dass sie entweder unbegründet sind oder dass Sie zumindest nicht alleine damit dastehen. In der AG fällt es dann viel leichter, etwas an der gemeinsamen Vorbereitung zu ändern. Auch Leistungsunterschiede sind in der AG besser aufgehoben als bei jeder anderen Art der Vorbereitung, da der vermeintlich »Bessere« es dem »Schlechteren« so erklären können muss, dass der »Schlechte« sich danach auf dem gleichen Niveau befindet wie der »Bessere«. Gegenseitige Hilfe und institutionalisierte Feedback-Gespräche sind die Schlüssel zum Erfolg in der Gruppe.

Kapitel 3:   Lernen und Wiederholen

3.1   Was Sie am Ende dieses Kapitels erreicht haben

Warum soll ich noch ein Kapitel über Lernen und Wiederholen lesen, **137** werden Sie sich vielleicht fragen? Es ist Ihnen wahrscheinlich schon länger bewusst, dass Lernen und Wiederholen entscheidende Aspekte Ihrer akademischen Laufbahn waren. Das Abitur lief prima nebenher, das Jurastudium bisher auch und außerdem gibt es so viel Literatur zu dem Thema, das man dieses 3. Kapitel leicht überspringen kann. Welchen Mehrwert bietet Ihnen dieses Kapitel?

Wir bieten Ihnen verschiedene Tools an, aus denen Sie Ihr maßgeschneidertes Lern- und Wiederholungsprogramm zusammenstellen können. Außerdem werden wir Sie davon überzeugen, dass Sie jetzt vor einer neuen Herausforderung, dem Ersten Staatsexamen stehen, bei dem Sie das optimale Ergebnis erzielen, wenn Sie mit der auf Sie abgestimmten effektivsten Lernmethodik arbeiten. Dieses Kapitel ist keine grundsätzliche umfassende Abhandlung über das Lernen, sondern es wird die allgemeinen Inhalte juraspezifisch und praxisnah auf die Vorbereitung für das Erste Examen anwenden.

138 Bevor wir zu den Einflussfaktoren ihres Lernerfolgs (Methoden und örtliche und zeitliche Rahmenbedingungen) kommen, erklären wir kurz die unter den Einflussfaktoren liegende Basis – den Lernprozess, die Funktionsweise des Gehirns und den Grundsatz der Effektivität. Am Ende dieses Kapitels haben Sie folgendes erreicht:

- Sie bekommen ein grundsätzliches Verständnis, wie das menschliche Gehirn arbeitet
- Sie haben den Unterschied zwischen Effektivität und Effizienz beim Lernen und Wiederholen kennen gelernt
- Sie sind im Besitz einer Toolbox, wie Sie sich ihr Lernen und Wiederholen bezüglich zeitlicher, örtlicher und methodischer Aspekte organisieren können.
- Sie haben ein persönlich abgestimmtes Lern- und Wiederholungsprogramm aufgestellt und vertrauen darauf.

139   **Faktoren des Lern- und Wiederholungserfolgs**

Abbildung 14

3.2 Die Lernphasen

3.2.1 Die Lernphasen

Wir definieren Lernen als das Einüben und Anwenden von Techniken. **140**
Dies geschieht in drei aufeinander aufbauenden Phasen. Die erste Phase,
die »Input-Phase«, kann als »Erwerben von Kenntnissen« (z.B. Bücher
lesen), die zweite Phase, die »Verknüpfungs-Phase«, als »Erwerb von
Fähigkeiten« (z.B. kleinere Fälle aktiv lösen) und die dritte Phase, die
»Anwendungs-Phase«, als »Erwerben von Fertigkeiten« (Übertragen
von Strukturprinzipien auf andere Rechtsgebiete) bezeichnet werden.

In der ersten Phase müssen die Kenntnisse erworben werden – Sie füt- **141**
tern ihr Gehirn mit Wissen. Dies geschieht durch das Lesen eines
Buches, das Zuhören in einer Vorlesung oder das Pauken von Vokabel-
kärtchen.

In der zweiten Phase werden die Kenntnisse mit so genannten Fähig- **142**
keiten angereichert, d.h. Sie verknüpfen Ihre Kenntnisse mit der praktischen Umsetzung und reflektieren über theoretische Grundsätze. Sie
lösen überschaubare Sachverhalte, z.B. kleine PdW-Fälle, und wundern
sich über Sonderfälle und Abweichungen.

Beispiel:

*Sie haben im Arbeitsrecht gerade die Grundsätze des »faktischen
Arbeitsverhältnisses« gelernt und wenden diese Grundsätze auf einen
kleinen Fall an, den Sie mit den dazu erlernten Regeln zu lösen im Stande
sind. Sie wissen also nicht nur, was die Grundsätze des faktischen
Arbeitsverhältnisses sind und dass das BAG sie in ständiger
Rechtsprechung anwendet, sondern Sie können mit diesem Wissen ein
praktisches Fällchen aus dem Arbeitsrecht* **lösen**, *das heißt, einer
vertretbaren Lösung zuführen, ein* **Ergebnis** *präsentieren. Gleichzeitig
wird im Idealfall ein kleines Aha- Erlebnis stattfinden (vorausgesetzt,
Sie haben die erste Phase nicht nur im Arbeitsrecht schon hinter sich,
sondern auch im Gesellschaftsrecht): Ihnen wird die Anwendung der
Grundsätze über das faktische Arbeitsverhältnis bekannt vorkommen
und zwar aus dem Gesellschaftsrecht. Ihnen wird auffallen, dass die
Grundsätze dieselben sind wie beim »fehlerhaften Gesellschaftsvertrag«
– und diese Erkenntnis ist ganz wichtig.*

---

143 Schließlich werden Ihre Fähigkeiten durch regelmäßiges Training zu Fertigkeiten, d.h. Sie sind in der Lage, diese ggf. auch auf neue Rechtsgebiete zu übertragen. Sie erkennen Verbindungen zwischen tragenden Strukturprinzipien und können diese in Examensfällen anwenden. Ziel einer Examensvorbereitung muss sein, diese Phase in möglichst allen Rechtsgebieten erreicht zu haben, wenn die schriftlichen Klausuren beginnen.

Für die Organisation Ihrer Examensvorbereitung bedeutet dies, dass es nicht reicht, nur auswendig zu lernen oder nur Fälle zu lösen. Sie müssen für jedes Rechtsgebiet reflektieren, in welcher Phase Sie sich befinden, und Ihr Training entsprechend gestalten.

144 Damit Sie dazu in der Lage sind, hier noch ein paar Verständnisfragen:

Bitte ordnen Sie die folgenden Aussagen der entsprechenden Lernphase zu:	Phase		
	1	2	3
A. Sie lösen in der Arbeitsgruppe einen Examensfall.	◯	◯	◯
B. Sie hören sich eine Vorlesung an der Universität bzw. beim Repetitor an.	◯	◯	◯
C. Sie erarbeiten für Ihre Arbeitsgruppe einen Fall zu einer kleinen Lerneinheit.	◯	◯	◯
D. Sie schreiben die Definition von Körperverletzung auf eine Karteikarte.	◯	◯	◯
E. Sie treffen sich zu einer Sitzung der Arbeitsgruppe zur Lösung von PdW-Fällen.	◯	◯	◯

Abbildung 15   Lösung unten Rn. 233

3.2.2 Die Funktionsweise des Gehirns

145 Das Gehirn ist ein Wunder der Natur, keine Frage. Auch nach vielen Jahren Forschung ist seine Funktionsweise noch nicht endgültig geklärt. In Hinsicht auf die Aufnahme, das Verarbeiten und das Speichern von Informationen gibt es aber schon Erkenntnisse, die Sie sich beim Lernen und Wiederholen zunutze machen sollten.

Die Informationen gelangen über die Sinnesorgane in unser Gehirn. Die Mehrzahl über das Auge (ca. 10 Mio bits/sec), der Rest über das Ohr (ca. 1 Mio bits/sec), die Hände und die Haut (ca. 0,4 Mio bits/sec) und über sonstige Kanäle (ca. 5000 bits/sec). Um dieser Informationsflut Herr zu werden, hat das Gehirn verschiedene Filter aufgebaut. Nur die

Informationen, die durch die Filter durchkommen, werden vom Gehirn behalten und im Kurzzeitgedächtnis gespeichert.

Von der Aufnahmekapazität der Sinnesorgane strikt zu trennen ist **146** aber, wie viele der aufgenommenen Informationen behalten werden. Je aktiver wir die Informationen aufnehmen, desto höher ist unser Lernerfolg. Wie in der Abbildung zu sehen, ist die Wahrscheinlichkeit des Behaltens beim Zuhören weniger als ein Viertel im Vergleich zum »selbst machen«.

Wahrscheinlichkeit des Behaltens von aufgenommen Informationen

aktiv	selbst machen	90 %
	nacherzählen	70 %
passiv	hören und sehen	50 %
	sehen	30 %
	hören	20 %
		Erfolg

Abbildung 16

Aus dieser Tabelle folgen zwei weitere wichtige Aspekte. Zum einen, dass Sie versuchen sollten, möglichst viele verschiedene Kanäle bei der Aufnahme zu aktivieren. High-Performer können dies grundsätzlich überdurchschnittlich gut.

Zum anderen steht das im starken Widerspruch zu der von juristischen Fakultäten implizit propagierten »Mär vom auditiven Lernen«. Im Unterschied zu den meisten anderen Studiengängen basiert die juristische Ausbildung offiziell noch auf der Wissensvermittlung durch universitäre Vorlesungen und Repetitorien. Die Wahrscheinlichkeit, die präsentierten Informationen zu behalten, liegt für Referenten bei 70 %, bei den Zuhörern aber nur bei 20 %. In dem Fall, dass Sie kein auditiver Lerntyp sind, sollten Sie es sich überlegen, ob Zuhören eine geeignete Art der Wissensaufnahme ist, um sich auf das Examen vorzubereiten.

Durch diese neuen Erkenntnisse im Bereich der Gehirnforschung ist die Idee der Vorlesung überholt, seit Gutenberg (um 1450) den Buchdruck erfunden hat und Bücher für alle bezahlbar geworden sind. Auch wenn mehr als 80 % der Jurastudenten ein Repetitorium zur Examensvorbereitung besuchen und der überwiegende Teil des Restes examensrelevante Vorlesungen besucht, sollten Sie sich sehr genau überlegen, ob Ihnen das wirklich hilft.

Unabhängig vom Lerntyp haben Studien gezeigt, dass das aktive intensive Bearbeiten von Lernstoff deutlich wirksamer ist als passives Zuhören.

3.2.3 Die Funktionsweise des Gedächtnisses

147 Sobald die Information die Filter Ihres Gehirns einmal überwunden hat, wird Sie im Kurzzeitgedächtnis abgespeichert. Wollen Sie diese Informationen langfristig bzw. bis zu lebenslang parat haben, müssen Sie diese ständig wach halten bzw. damit arbeiten, um einen zweiten Filter zu überwinden. Dann sind die Informationen im Langzeitgedächtnis abgespeichert. Generell können Sie die Überwindung der Filter des Gehirns unterstützen, wenn Sie die Informationen speziell hervorheben, z.B. durch Interesse und andere Emotionen, durch Lernaktivitäten/Wiederholen oder durch Assoziationen.

3.2.4 Effektivität und Effizienz

148 Wie oben aufgezeigt, gibt es offensichtlich einen Widerspruch zwischen den Aufnahmekapazitäten der Sinnesorgane und der »Durchschlagskraft« der einzelnen Sinnesorgane in Bezug auf die aufgenommenen Informationen. Dies ist ein Beispiel für den Unterschied zwischen Effektivität und Effizienz.

Effizient handelt der, der die Sache, die er macht, auf die richtige Art und Weise tut (z.B. Informationen liest, da das Auge die größte Aufnahmekapazität hat), effektiv der, der die richtige Sache macht (z.B. sich die Informationen ins Gehirn holt, da man dabei viel behält). Häufig treffen wir diese Unterscheidung in der Wirtschaft an. Ein Produzent von LPs kann noch so günstig (»effizient«) produzieren, er wird doch heutzutage nicht mehr mit den Herstellern von CDs konkurrieren können, die das Produkt herstellen, das der Markt wirklich nachfragt und daher effektiv produzieren.

149 Im Hinblick auf das Lernen und Wiederholen für das Erste Staatsexamen sollten Sie sich daher zuerst fragen, wie organisiere ich meine Vorbereitung effektiv (oder wollen Sie nicht »das Richtige« lernen?), bevor Sie sich überlegen, wie Ihnen dieses möglichst effizient gelingt. Daher sollten Sie nicht nur analysieren, in welcher der drei Lernphasen Sie sich befinden, um möglichst effektiv die nächste Phase zu erreichen, sondern auch herausfinden, wie Sie persönlich die Filter im Gehirn am besten überwinden und danach das für Sie optimale Programm zusammenstellen.

Der Unterschied zwischen Effektivität und Effizienz (abstrakt):

*Effektivität: »Ich tue **das Richtige**.«*
*Effizienz: »Ich tue es **richtig**.«*
Ziel: Herausfinden, was das Richtige ist, und dieses dann richtig tun.

Effektives Lernen kann in diesem Zusammenhang u.U. kurzfristig mit **150** mehr Aufwand verbunden sein, aber langfristig werden Sie einen geringeren Gesamtaufwand betreiben müssen. Langfristiges, strategisches Planen fällt uns oft schwer, weil die Erfolgskontrolle nicht sofort erfolgt. Es erfordert daher viel Selbstbewusstsein und Vertrauen in die angewandte Methodik, was sich aber im Erfolgsfall sehr auszahlt. Die von uns beschriebenen Tools basieren auf effektivem Lernen, mit dem viele Studenten das Erste Examen schon erfolgreich absolviert haben! Vertrauen Sie der Methode und sich selbst. Sie werden mindestens genauso erfolgreich sein!

3.3 Der Lernalltag

3.3.1 Zeitliche Rahmenbedingungen

Ein entscheidender Erfolgsfaktor ist die effektive Gestaltung der zeitli- **151** chen Rahmenbedingungen. Sie wird maßgeblich von drei Faktoren gesteuert: Dem **Arbeitseinsatz**, den man zu leisten bereit ist, dem eigenen **Biorhythmus**, der die Arbeitsleistung physisch beeinflusst, und dem **Selbstmanagement**, welches Sie zur Organisation und Zielerreichung benötigen. Bevor Sie diesbezüglich großartige Vorsätze fassen, sollten Sie sich Ihre neue Situation vergegenwärtigen. Es besteht in der Regel ein wesentlicher Unterschied zwischen den ersten fünf Semestern des Jurastudiums und der Vorbereitungszeit auf das Erste Staatsexamen. Dieser Unterschied manifestiert sich vor allem im Zeitaufwand, den Sie pro Woche für ihr Jurastudium ab jetzt benötigen werden. Er wird steigen.

Dies sollte Sie nicht abschrecken; schließlich verändern sich auch Ihre Prioritäten. Diese Prüfung ist eine, wenn nicht die entscheidende in Ihrem Leben. Sie sind es sich selbst schuldig, diese erfolgreich abzuschließen. Und genau daraus sollten Sie die Bereitschaft für Ihren Einsatz ableiten. Je mehr Sie sich dieser Situation bewusst sind, desto leichter wird Ihnen dies fallen. Lösen Sie sich auch von der Angst, die diese Tatsache evtl. in Ihnen hervorruft. Vergessen Sie nicht, dass die Angst oft von denen geschürt wird, denen sie am meisten nützt. Auch wenn die Durchfallquote hoch ist, so haben doch schon mehr Jurastudenten dieses Examen bestanden als durchgefallen sind. Und mit Hilfe dieses Buches werden Sie zu denen gehören, die das Examen erfolgreich bestehen.

Es ist nur dann sinnvoll, sich auf das Erste Examen vorbereiten zu wollen, wenn Sie bereit sind, bis zum Examen einen großen Teil Ihrer Zeit mit Jura zu verbringen. Der Faktor der Freizeitgleichung, den Sie am besten beeinflussen können, ist die Zeit, die Sie zur Erfüllung Ihres Lernzieles benötigen. Je effektiver Sie lernen, desto mehr Freizeit werden Sie haben bei Erreichung desselben Ziels. Es ist allerdings auch klar, dass diverse Freizeitbeschäftigungen bis zum erfolgreichen Abschluss Ihres Examens zurückstehen müssen.

152   **Die Freizeitgleichung in der Examensvorbereitung**

Freizeit	=	1 Tag (24h)	-	Essenzielle Tätigkeiten (schlafen, essen, duschen etc.)	-	Zeit zur Erfüllung des Lernziels

Abbildung 17

153 Eine Möglichkeit, seinen Tag besser selbst zu managen, wird vielfach von Top-Managern angewandt: das Eisenhower-Prinzip. Nehmen Sie sich ein Blatt Papier und teilen Sie es entsprechend der unten stehenden Abbildung ein. Dann lehnen Sie sich zurück, überlegen, was Ihnen wichtig ist, was dringend, was nicht so wichtig, was nicht so dringend ist und tragen es in die entsprechenden Felder ein. Unwichtige, nicht dringliche Sachen, können Sie getrost unter den Tisch fallen lassen. Diese werden Sie nicht vermissen. Ähnlich sollten Sie mit unwichtigen Sachen verfahren, die Ihnen dringlich erscheinen. Warum wertvolle Zeit auf etwas verwenden, das Ihnen nicht wichtig ist? Setzen Sie dann die wichtigen und dringlichen Angelegenheiten ganz oben auf Ihre Prioritätenliste. Für diese ist jede Minute sinnvoll investiert.

Behalten Sie auch die wichtigen, nicht so dringlichen Sachen im Auge und erledigen Sie diese, bevor Sie dringlich werden. Dadurch nehmen Sie den Stress aus Ihrer Zeitplanung. Dieses Prinzip kann Ihnen nicht nur in dieser Situation helfen, sondern ist flexibel anwendbar, Ihr ganzes Leben lang.

Das Eisenhower-Prinzip

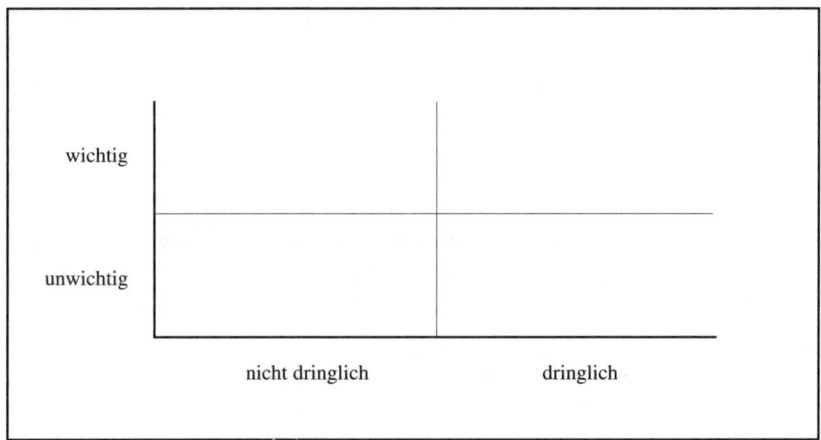

Abbildung 18

Als nächstes sollten Sie sich mit Ihrem Biorhythmus auseinandersetzen. **154** Wie gestalten Sie Ihre Tage am liebsten, stehen Sie lieber früh auf oder spät, wann sind Sie am produktivsten? Jeder hat seine Vorlieben. Warum sollten Sie diese nicht zu Ihrem Vorteil ausnutzen? Entscheidend für die erfolgreiche Gestaltung der Examensvorbereitung ist, dass Sie sich nicht unnötig quälen. Es widerspricht dem Prinzip der Effektivität, nach dem Mittagessen eine Lerneinheit anzusetzen, wenn Sie da einen »Power-nap« bevorzugen, um frische Energien zu schöpfen (siehe unten Rn. 184). Genauso sollten Sie die ungeliebten Aufgaben dann erledigen, wenn Sie am produktivsten sind. Es geht viel schneller vorbei!

Horchen Sie in sich hinein und entscheiden Sie:
- Wann bin ich am produktivsten?
- Stehe ich lieber früh oder spät auf?
- Lerne ich gerne abends?
- Wann habe ich ein Leistungstief (morgens, mittags, abends)?
- Schlafe ich auch nach einer intensiven Lerneinheit sofort ein oder brauche ich Zeit, mich zu entspannen?

155 Nachfolgend finden Sie eine mögliche zeitliche Gestaltung Ihrer Lernwoche. Die »Tageslänge« sollte nicht abschrecken. Zum einen haben Sie sich mit Ihrer neuen Situation auseinandergesetzt, zum anderen sind viele Pausen eingebaut. Warum Sie diese machen sollten und wie Sie diese gestalten können, dazu kommen wir am Ende des Kapitels. Deutlich sollte Ihnen aber werden, dass sechs bis acht Stunden netto Lernzeit nur während eines Arbeitstages mit zehn bis zwölf Stunden erreicht werden können.

Zeit	Montag	Dienstag	Mittwoch	Donnerstag	Freitag	Samstag
8-9	AG-Stunde 10:	Vorbereitung	Uni-Rep	AG-Stunde 11:	Vorbereitung	Examensklausurenkurs
9-10	StrBT (3)			SAT		
10-11	Betrug	AG-Stunde 14:	Nachbereitung		AG-Stunde 15:	
11-12		Betrug (2)				
12-13	Mittagspause	Mittagspause	Mittagspause	Mittagspause	Mittagspause	
13-14						
14-15	Nachbereitung	Fortsetzung Vorbereitung	Uni-Sport	Nachbereitung	Fortsetzung Vorbereitung	
15-16	Uni-Rep			Wiederholung		
16-17				Wiederholung		
17-18	Pause	Pause	Pause	Pause	Pause	
18-19	Wiederholung	Vorbereitung AG-Stunde	Klausur lösen (nur Skizze)	Rückgabe/ Besprechung Examensklausurenkurs	Wiederholung	
19-20	Wiederholung	Vorbereitung AG-Stunde		Examensklausurenkurs	Wiederholung	

Abbildung 19

Bei der Erstellung eines solchen zeitlichen Rahmenplanes sollten Sie **156** neben Ihrem Biorhythmus und Ihren persönlichen Vorlieben auch Dauer der Lerneinheiten, das von Universität bzw. Repetitor angebotene Programm bzw. AG-Termine, etc. berücksichtigen. Je schneller Sie es schaffen, Ihren Arbeitsrhythmus zu finden, desto leichter werden Sie sich an die neue Situation gewöhnen.

Schritte zur erfolgreichen Gestaltung des zeitlichen Rahmens:

1. Setzen Sie sich mit der neuen Situation auseinander
2. Nutzen Sie das Eisenhower-Prinzip zum besseren Selbstmanagement
3. Erledigen Sie die Dinge, die Ihnen am lästigsten sind, dann, wenn Sie am produktivsten sind

3.3.2 Örtliche Rahmenbedingungen

Untrennbar verbunden mit der oben behandelten Frage, wann Sie sich **157** mit dem Lernstoff beschäftigen, steht die Frage, wo Sie dies tun. Neben den klassischen Orten Universitätsräume, Bibliotheken und zu Hause können Sie sich natürlich auch in Parks, an Badeseen oder in die Kneipe zurückziehen. Sie können es vorziehen, in absoluter Stille zu arbeiten oder Musik im Hintergrund laufen zu lassen. Wichtig ist vor allem, dass Sie sich voll auf die zu erledigende Aufgabe konzentrieren können und nicht abgelenkt werden. Finden Sie die für Sie passende Umgebung. Für eremitisch veranlagte Personen sind da die Teilbibliotheken/Seminare anderer Fachrichtungen empfehlenswert, wie z.B. der Physikfakultät oder der geologischen Fakultät. Dort trifft man nur selten jemanden, den man kennt, es ist normalerweise ruhig und leer, man kann nicht fernsehen und wird nicht angerufen. Wenn Sie aber regelmäßige Gesellschaft vorziehen und trotzdem das Gefühl haben, effektiv lernen zu können, suchen sie sich andere Plätze. Priorität hat, dass Sie mit ihrem Lernprogramm vorankommen. Meist gelingt dies besser, wenn Sie sich in Ihrer Lernumgebung wohlfühlen.

158

Abbildung 20

Die Aspekte in der folgenden Tabelle haben nur Vorschlagscharakter **159** und sind nicht abschließend.

Örtlichkeit	Vorteile	Tipps zur Störungsvermeidung
Zu Hause	• Dort sollten Sie sich wohl fühlen • Niemand beobachtet Sie beim Lernen, Sie können essen, trinken, im Pyjama sitzen etc.	• Stellen sie ihren Fernseher in schwer erreichbare Entfernung; am besten packen Sie ihn in den Keller (»Fernsehfasten«) • Stöpseln Sie das Telefon aus und schalten Sie ihr Handy ab • Verabreden Sie sich abends zu einer bestimmten Zeit, dann vereinsamen Sie nicht und sind motiviert, bis dahin mit Ihrem Programm fertig zu werden
Juristisches Seminar/ Bibliothek	• Lernmaterial • Lernatmosphäre • Trennung »Beruf« und Privatleben • Ansprechpartner bei juristischen Fragestellungen	• Setzen Sie sich abseits von ihren Kollegen • Vereinbaren Sie feste Zeiten für die Pausen • Verlassen Sie die Bibliothek dann, wenn Sie ihr Arbeitsziel erfüllt haben. Dies motiviert, zügig abzuschließen und vermeidet Störungen
Park/Badesee	• Wohlfühleffekt • U.U. Ruhe und Abgeschiedenheit	• Suchen Sie sich einen Platz, wo Sie effektiv lernen können. Den wenigsten gelingt das am »Studentenstrand«.

Abbildung 21

160 **Checkliste:**
Wo lerne ich am besten?

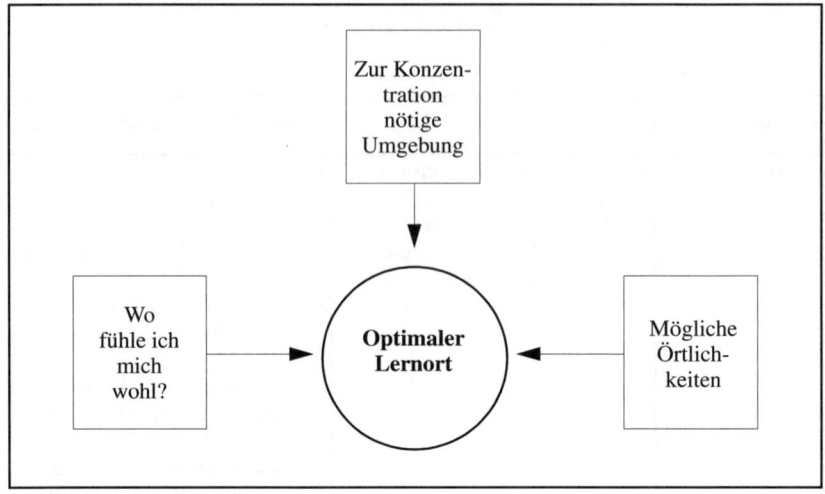

Abbildung 22

3.4 Lernmethoden

Seien Sie effektiv beim Lernen und Wiederholen!

---

161 Nach den vorherigen Abschnitten beabsichtigen Sie, so effektiv wie möglich zu lernen, um noch möglichst viel Freizeit zu haben. Aber wie lernen Sie effektiv? Dieser Abschnitt wird sich intensiv mit diesem Thema befassen.

Haben Sie schon einmal erlebt, dass Sie den ganzen Vormittag an einem Buch gelesen haben – und nachmittags mussten Sie nachblättern, um die Hauptaussagen zu rekapitulieren? Kam es schon vor, dass Sie auch direkt nach der Vorlesung im Tutorat bzw. im Repetitorium die Fälle nicht lösen konnten und in Ihrer Mitschrift nachblättern mussten? Hatten Sie da das Gefühl, effektiv mit Ihrer Zeit umgegangen zu sein?

Das Problem des Ersten Staatsexamens ist, dass Sie in der Prüfung nichts nachblättern können. Es reicht daher nicht zu wissen, wo man die Sachen findet, man muss sie aktiv parat haben. Damit Sie ab jetzt effektiv lernen, konzentrieren wir uns bei den vorgestellten Lernmethoden auf die aktiven, da Sie bei diesen langfristig mehr Freizeit haben werden.

Leider erfordern diese in der Regel auch eine höhere Selbstdisziplin. Zum Beispiel benötigt man mit der SQ3R-Aktive-Reading Methode viel länger zum Durcharbeiten eines Skriptes.

Passive Lernmethoden, wie Vorlesungen/Repetitorien besuchen und einfaches Lesen, gehen aber nur scheinbar schneller! Sie können wie oben beschrieben die Filter des Gehirns nicht optimal überwinden und müssen daher denselben Stoff nochmals durcharbeiten. Dies wird insgesamt länger gedauert haben, als gleich mit SQ3R Active Reading zu arbeiten. Die für einfaches Lesen aufgewendete Zeit ist sinnlos vergeudet! Effektives Lernen bedeutet, langfristig weniger Zeit aufzuwenden! Ineffektive Methoden halten wir nicht für sinnvoll und behandeln sie daher nicht.

Grundsätzliche Lern- und Wiederholungsregeln: Zusammenfassung 162

- Die meisten Informationen werden vom Gehirn bei aktivem, auf den Lerntyp abgestimmten Lernen behalten
- Zielgerichtetes effektives Lernen ist erfolgreich und erhöht den Anteil lernfreier Zeit am Tag
- Die zeitlichen und räumlichen Rahmenbedingungen müssen Sie auf sich persönlich abstimmen
- Das Gehirn übernimmt Informationen erst nach mehrfachem Wiederholen vom Kurzzeit- ins Langzeitgedächtnis

Übersicht Lernmethoden 163

Methode	Lerntyp (überwiegend)	Effektivität	Benötigte Selbstdisziplin
Vorlesung/Repetitor	auditiv	○	○
Lesen	visuell	○	○
SQ3R Active Reading	visuell	●	●
Richtig markieren	visuell	◍	○
Karteikarten & Skripten selbst erstellen	kinästetisch	◍	◍

| Randnummernmethode/ Fragen formulieren | kinästetisch | ● | | ● |
| Fälle lösen | kinästetisch | ◉ ● | | ● |

Legende ● hoch ◉ mittel ○ gering

Abbildung 23

Je länger Sie an eine Methode gewöhnt sind, desto weniger Kraft wird sie Sie kosten. Sie werden merken, dass sich der Aufwand gelohnt hat, wenn Sie die aktiv aufgenommenen Informationen behalten haben, während Ihre Kollegen die passiv aufgenommenen zum wiederholten Male nachschlagen müssen.

3.4.1 SQ3R Active Reading

164

1. Survive — Überfliegen Sie den Abschnitt grob. Schauen Sie sich die Überschriften & Zusammenfassungen zuerst an. Lesen Sie Fragen am Kapitelende jetzt. Können Sie bereits vorhersagen, um was es in dem Abschnitt geht?

2. Question — Stellen Sie sich Fragen, die auf dem Überfliegen des Abschnitts basieren. Wandeln Sie Überschriften, wie z.B. »Leistungskondiktion« in aktive Fragen um, wie »Was ist eine Leistungskondiktion«?

3. Read — Lesen Sie den Abschnitt und finden Sie Antworten zu Ihren Fragen.

4. Recite — Schauen Sie regelmäßig vom Text auf und fassen Sie den Inhalt für sich noch einmal zusammen. Versuchen Sie sich die wichtigsten Punkte noch einmal vor Augen zu führen. Nur so nimmt das Gehirn die Informationen auch auf.

5. Review Am Schluss eines längeren Abschnitts: Überfliegen Sie den ganzen Abschnitt noch einmal kurz und führen Sie sich vor Augen, was Sie gerade gelernt haben.

Abbildung 24

Diese Technik, die ursprünglich aus dem englischsprachigen Raum kommt, verhindert, dass Sie einen Abschnitt gelesen haben und sich nicht daran erinnern können, was eigentlich darin stand. Wir empfehlen Ihnen ab jetzt, alle Text so zu »lesen«, auch beim Anwenden der anderen Methoden. Allerdings erfordert dies gerade anfangs viel Selbstdisziplin. Sie müssen sich vermutlich erst daran gewöhnen, einen Text nicht einfach zu lesen, sondern ihn durchzuarbeiten. Aber vergessen Sie nicht, langfristig wird das Ihren Freizeitanteil erhöhen!

3.4.2 Richtig markieren

Richtiges Markieren zwingt zu einer intensiven Bearbeitung des Textes, **165** erleichtert das Wiederholen und hilft, die Systematik des Textes zu erkennen. Um zu verhindern, dass man den ganzen Text markiert hat bzw. man doch das »Nicht-markierte« nochmals nach Hauptaussagen durchsuchen muss, ist es wichtig, dass man sparsam markiert (nur die Hauptbegriffe), erst markiert, nachdem man die Hauptaussage des Abschnittes verstanden hat, und ein einheitliches Markierungssystem verwendet.

Wie können Sie also vorgehen? Der Text liegt vor Ihnen und Sie haben sich ein Markierungssystem überlegt (eine Möglichkeit stellen wir Ihnen unten vor). Am Ende jedes Abschnitts analysieren Sie ähnlich wie beim SQ3R Active Reading die Hauptaussagen und markieren diese nach Ihrem System. Sie können natürlich auch Kommentare oder Fragen an den Rand notieren. Erlaubt sind dabei nicht nur sachliche, sondern auch gerne provokative, beleidigende oder witzige Bemerkungen. Ihr Markieren war dann erfolgreich, wenn ein zügiges Wiederholen der Inhalte nur anhand der markierten Textstellen möglich ist.

MAGGI-
WÜRFEL-
METHODE

166   **Goldene Regeln des Markierens:**

1. Sparsam Markieren
2. Erst Markieren, nachdem man die Hauptaussage verstanden hat
3. Einheitliches Markierungssystem verwenden

Abbildung 25

Übung:

Benutzen Sie die Methode »Richtiges Markieren« bitte anhand des Textes zur Funktionsweise des Gehirns (oben Rn. 145).

---

167   **Vorschlag für ein Markierungssystem:**

Markierungszeichen	Hervorhebung
Unterstreichen im Text	Signalwörter, Kerngedanken
Anstreichen am Rand	Wichtige Passagen
Einkreisen von Textfeldern, Verknüpfungen mit Pfeilen	Wichtige Inhaltsbereiche, die in enger Beziehung zueinander stehen
+ Kreuz am Rand	zusätzliches Argument
? Fragezeichen am Rand	Unklar oder zweifelhaft
→ Pfeil am Rand	Folgerung oder Gedanke zum Nacharbeiten
Z	Zusammenfassung
L Winkel	Beispiel
P	Problem

Abbildung 26

3.4.3 Karteikarten & Skripten selbst erstellen

168 Für kinästhetische Lerntypen eine gute Möglichkeit, den Stoff zu erlernen, ist das Erstellen von eigenen Skripten bzw. Karteikarten, da Sie sich so die Informationen ins Gehirn »handeln«. Der Hauptunterschied zu den bereits vorgestellten Methoden besteht darin, dass nicht nur eine gedankliche, sondern eine schriftliche Zusammenfassung des Stoffs erstellt wird. Dies ist nicht nur relativ aufwändig, man setzt sich auch intensiv mit dem Stoff auseinander, wenn man zu jeder Lerneinheit eine Karteikarte erstellt. Für die Aufnahme der Informationen in das Gehirn ist daher entscheidend, dass man sich Karteikarten selbst erstellt. Die in diesem Zusammenhang kommerziell angebotenen Karteikartensets sind daher in diesem Zusammenhang wie ein Lehrbuch zu behandeln, unterstützen das Lernen des Stoffes aber nicht. Entsprechendes gilt für Skripten, die eine Zusammenfassung vieler Karteikarten darstellen. Während Karteikarten Vorteile beim Wiederholen des Stoffes bieten (siehe unten), so bietet sich das Schreiben von Skripten dann an, wenn Sie das Gefühl haben, ab 200 Karteikarten die Übersicht zu verlieren. Entscheidend ist, die Karteikarten bzw. Skripten nicht mit Informationen zu überfrachten – dann könnten Sie auch gleich das Lehrbuch in der Zeit nochmals durcharbeiten, die Sie für das Wiederholen der Karteikarten bzw. des Skripts zur Lerneinheit benötigen. Konzentrieren Sie sich auf die Kerninformationen und Aussagen zu juristischen Strukturen und vermeiden Sie Fließtext! Diese Methode für alle Stoffgebiete durchzuhalten, ist leider zeitaufwändig und erfordert viel Selbstdisziplin.

Beispiel Karteikarte:

Vorderseite:

Versammlungsrecht

1. Definition »Versammlung« i.S.d. Art. 8 I GG?
2. Definition »unter freiem Himmel«?
3. Von welchem Erfordernis des VersG ist nach der Rechtsprechung des BVerfG der Veranstalter einer Eilversammlung nur befreit?
4. Was entfällt bei der Spontanversammlung? Welche Gesetze gelten?

Rückseite:

1. Zusammenkommen mehrerer Menschen (h.M: 3) zum Zwecke der gemeinsamen Meinungsbildung und -äußerung. P! »Love-Parade«: Rechtsprechung: keine Versammlung (Kundgabe eines Anliegens nicht erkennbar).

2. Solche, die nicht durch feste Außenwände von der Umwelt abgegrenzt sind. Ob ein Dach vorhanden ist, ist nicht entscheidend. Argument: Höheres Gefährdungspotenzial.

3. Der Veranstalter einer Eilversammlung ist nicht von der Anmeldepflicht i.S.d. § 14 I VersG befreit, sondern nur von der Anmeldefrist suspendiert. Er muss so früh wie möglich anmelden.

5. Pflicht zur rechtzeitigen Anmeldung entfällt. Ansonsten VersG analog. Außer natürlich die Strafvorschriften des VersG wg. Art. 103 II GG.

Abbildung 27

3.4.4 Fälle lösen

169 Sie können sich das Wissen auch induktiv aneignen, indem Sie Fälle zu den Lerneinheiten auswählen und diese lösen. Sie lernen dabei die Theorie über die Anwendung. Damit »handeln« Sie sich die Theorie konsequent in das Gehirn. Die Aufnahme des Lernstoffes allein mit dieser Methode ist möglich. Dabei kombinieren Sie die ersten zwei der oben beschriebenen Lernphasen. Ständig Fälle auszuwählen und diese konsequent zu lösen, ohne die Lösung von Anfang an zur Hilfe zu nehmen, halten wir für aufwändig und schätzen die benötigte Selbstdisziplin als hoch ein. Leider ist dies unserer Einschätzung nach nur mittelmäßig effektiv, da die Auswahl von relevanten Fällen in unbekannten Rechtsgebieten sehr aufwändig ist und das Erlernen der in Jura relevanten strukturellen Verknüpfung nur mittels Fällen schwierig ist.

In Kombination mit einer der obigen Methoden, vor allem im Rahmen einer Arbeitsgruppe, ist diese Methode allerdings sehr empfehlenswert, insbesondere für die zweite und dritte Lernphase. Nutzen Sie daher diese Methode für den zweiten und dritten Lernschritt.

3.4.5 Allgemeines Gedächtnistraining

170 Es gibt eine Vielzahl von Literatur und Handbüchern zum Thema »Wie denke ich kreativ?« oder »Wie nutze ich die Kapazitäten meines Gehirns besser aus?«. Diese Methoden lassen sich natürlich mehr oder weniger auch für ein Jura-Studium fruchtbar machen. Beachten Sie aber bitte, dass Sie sich nicht »verzetteln« und eine Lernmethode nach der anderen ausprobieren. Viele »Methoden« sind in Wahrheit gar keine, sondern schlichte Geldmacherei. Wer allerdings Erfolg hat mit einer Methode zum Gedächtnistraining, der sollte beachten: »Mir hilft, was mir gut tut« und versuchen damit auch juristisch zu arbeiten. Wir sprechen hier keine allgemeine Empfehlung für ein bestimmtes »professionelles« Lern-Konzept aus, das bekannteste und erfolgreichste unter ihnen dürfte aber »Mind Mapping« der **Buzan**-Brüder sein. Wir raten bei dieser Art von Lernmethodik dazu, nicht erst zum Examen mit dem Einstudieren einer neuen Technik zu beginnen, sondern schon früher. So haben Sie Zeit, sich an eine Methode zu gewöhnen. Testen Sie ruhig einmal aus, ob Sie nach ein bis zwei Wochen in der Lage sind, sich den »Verwaltungsakt« anhand Ihrer Mind Map Aufzeichnungen zu merken. Wenn ja, sind Sie mit der Methode auf einem guten Wege. Wenn nicht, können Sie noch ein paar Wochen in andere Methoden investieren. Seien Sie nicht enttäuscht, wenn Sie keine passende Methode im Buchhandel finden. Vielleicht sind Sie dann gar nicht die richtige Zielgruppe. Dann spricht viel dafür, dass Sie genauso gut ohne auskommen und nur mit Hilfe dieses Buches und der richtigen Einstellung ein hervorragendes Examen machen. Eine Auswahl von uns evaluierter Bücher zu diesen allgemeinen Methodik-Themen finden Sie unter Rn. 223 und 225.

3.4.6 *Randnummernmethode/Fragen formulieren*

Der Bekanntheitsgrad dieser Methode ist (noch) nicht so hoch. Viel- **171** leicht kennen Sie aber Lehrbücher, an denen am Ende eines Kapitels Fragen zur Lerneinheit gestellt werden. Ähnlich wird das Ergebnis dieser Methode aussehen. Wir halten sie für sehr effektiv und hervorragend kombinierbar mit anderen Methoden. Ein Text wird dabei aktiv mit Hilfe einer der anderen Methoden bearbeitet. Markieren Sie diesen an den wichtigsten Stellen (z.B. bei Fallstrukturen) und versehen Sie diese mit einer Randnummer. Am Ende der Lerneinheit formulieren Sie selbst Fragen, die durch die markierten Stellen beantwortet werden. Durch den Prozess des aktiven Umarbeitens einer Aussage in eine Frage, transferieren Sie sich die Information ins Gehirn. Da dies nur sinnvoll ist in der Kombination mit einer der anderen Methoden und man am Ende eines Kapitels auch oft nicht mehr motiviert ist, noch Fragen zu entwickeln, halten wir den Bedarf an Selbstdisziplin für hoch.

3.5 Effektives Wiederholen

172 Die aufgenommenen Informationen werden Ihnen nur dann helfen, wenn Sie diese im Examen noch abrufen können.

Damit das Gehirn Informationen vom Kurzzeitgedächtnis in seinen Langzeitspeicher übernimmt, ist mehrfaches Wiederholen erforderlich, ansonsten besteht die Gefahr des Vergessens. Wie aber können Sie ihre Wiederholungseinheiten effektiv gestalten und wirksam gegen die Gefahr des Vergessens ankämpfen? Dazu ist es entscheidend, dass Sie sich bereits bei der ersten Aufbereitung des Stoffes – beim Lernen – darüber im Klaren sind, dass Sie den Stoff mehrfach wiederholen müssen. Sie sollten ihn daher so aufarbeiten, dass Ihnen dies zügig möglich ist, und von Anfang an die Wiederholungszyklen planen.

173   **Testfragen:**

1. Durch welchen Aufnahmekanal werden die Informationen am besten behalten?
2. Wie heißen die drei Lernphasen und was ist jeweils charakteristisch für sie?

Sehen Sie, dadurch dass sie den Abschnitt über das Gehirn mittels der Methode »Richtiges Markieren« aufbereitet haben, fällt es Ihnen leicht, die erste Frage zu beantworten. Den Abschnitt bezüglich der zweiten Frage haben sie vermutlich nur gelesen, da kann es leicht passieren, dass sie die Kerninhalte schon jetzt nicht mehr genau kennen.

3.5.1 Wiederholungsmethoden

174 Bei den meisten der oben vorgestellten Methoden zur Erarbeitung des Stoffes wird der Stoff bereits so aufbereitet, dass man ihn leicht wiederholen kann.

Wiederholungs-methode	Bemerkung
Richtiges Markieren	Wenn Sie richtig markiert haben, dann können Sie den Text nur anhand der Markierung zügig wiederholen
Karteikarten	Karteikarten sind gut zu wiederholen, insbesondere ist eine Fokussierung auf die unbekannten Karten mittels der »Fünf-Fächer-Methode« (s. nächste Seite) möglich. Karteikarten eignen sich optimal für das Lernen und Wiederholen von Definitionen, z.B. im Strafrecht
Skripten	Skripten lassen sich dank ihrer Komprimiertheit zügiger durcharbeiten als der Originaltext, allerdings ist eine Fokussierung wie bei Karteikarten nur in Ansätzen möglich, z.B. durch Markierungen am Rand
Randnummern-methode	Sehr gute Möglichkeit den Stoff zu rekapitulieren. Stellen Sie sich die Fragen erneut. Anfangs werden Sie noch im Text nachblättern müssen, später können Sie einzelne Fragen herausstreichen, da Sie diese ohne Probleme beantworten können
Fälle lösen	Wenn Sie davon ausgehen, dass das solide Grundwissen theoretisch vorhanden ist, es nur an Falllösungs- und Klausurtechnik mangelt, dann markieren Sie sich lehrreiche, maßgebliche Fälle (das können, müssen aber nicht die Klassiker sein), und wiederholen Sie diese.

Abbildung 28

Für alle Methoden gilt allerdings, dass sie der »Gefahr der Oberfläch-lichkeit« begegnen. Sie müssen den Stoff wirklich erneut durchdringen und dürfen nicht vermeintlich Bekanntes ohne gedankliche Durchdrin-gung reproduzieren (oder noch schlimmer: »ach ja, der Fräsmaschinen-fall, den kann ich.«)!

Außerdem seien Sie sich bei der Aufbereitung des Stoffes im Klaren, dass Sie diesen nicht nur wiederholen müssen, sondern auch, dass das Rekapitulieren um so schneller geht, je mehr Informationen Ihr Gehirn bereits beim ersten Mal behalten hat. Nutzen Sie daher die effektiven aktiven Methoden bereits von Anfang an! Die Wiederholungsphase ist dann der Moment, wo sich dies extrem positiv auf Ihre Freizeitgleichung auswirkt!

175 *Die »Fünf-Fächer-Methode«*

Beschaffen Sie sich einen Kasten mit fünf Fächern für Ihre Karteikarten. Anfangs sortieren Sie alle unbekannten Karten in das erste Fach. Bei jedem Wiederholungszyklus ordnen Sie die bekannten Karten ein Fach weiter hinten ein, die Karten, die Sie noch nicht parat hatten, bleiben in Ihrem alten Fach. Die Karten, deren Inhalt Ihnen beim Durchgehen des fünften Faches keine Schwierigkeiten mehr machen, können Sie aussortieren und archivieren. Diese Methode erlaubt Ihnen, den Fokus auf die Inhalte, Fragen etc. zu legen, die Ihnen noch unbekannt sind. Sie verhindert, dass Sie unnötig Zeit mit Bekanntem verbringen, sich dabei langweilen und Ihr Gehirn nichts mehr aufnimmt.

3.5.2 Wiederholungszyklen

176 Ihre Wiederholungszyklen können Sie entweder linear oder in Potenzen gestalten. Die Gegenüberstellung soll Ihnen helfen, den für Sie geeigneteren Typ zu wählen. Damit Sie im Examen und darüber hinaus den Stoff parat haben, sollten Sie ihn in Ihr Langzeitgedächtnis befördern. Dazu benötigen Sie mindestens drei Wiederholungen.

177

	Lineares Wiederholen	**Wiederholen in Potenzen**
Beschreibung	Anzahl Zeit	Anzahl Zeit
	Beim linearen Wiederholen rekapitulieren Sie den Stoff in regelmäßigen Abständen, d.h. einige Zeit nach dem Lernen fangen Sie entsprechend Ihrem ursprünglichen Lernplan an, die gelernten Einheiten zu wiederholen.	Beim Wiederholen in Potenzen wiederholen Sie die Lerneinheit in potenzierten Abständen, d.h. am zweiten Tag, am vierten, am 16. am 32. und am 64. Tag sowie in den Monaten vor dem Examen noch einmal.

	Um eine Mindestanzahl von drei Wiederholungen pro Stoffeinheit (wichtig für die Aufnahme im Langzeitgedächtnis!) zu erreichen, laufen am Ende zwei oder drei Wiederholungslinien parallel.	**Wiederholungszyklus** **Tag: 2 4 8 16** ⊢─┼──┼────────┤ In der mittleren Phase ihrer Examensvorbereitung wird das sehr zeitaufwändig und unübersichtlich, da viele Stränge parallel laufen. Daher benötigen Sie einen Kalender nur für diesen Zweck und sehr viel Disziplin.
Effektivität	◉	●
Selbstdisziplin	◉	●

Legende: ● hoch ◉ mittel ○ gering

Abbildung 29

178

Toolbox 1 **Lernmethoden**	Toolbox 2 **Wiederholen**
• SQ3R Active Reading	• Lineares Wiederholen
• Karteikarten	• Wiederholen in Potenzen
• Richtig Markieren	
• Randnummernmethode	
• Fälle lösen	
• Skripten	

Abbildung 30

3.6 Pausen und Entspannungsmethoden (mit praktischen Übungen)

3.6.1 Lernerfolg durch Pausen

179 Überrascht Sie dieses Kapitel? Vielleicht meinen Sie auch, dass Sie in ihrem Studium lange genug Pause gemacht haben, jetzt aber richtig »ranklotzen« wollen; und da passen Pausen und Entspannung leider nicht hinein, da richtig effizientes Lernen verlangt, möglichst viel in kurzer Zeit abzuhandeln. Damit haben Sie grundsätzlich Recht, allerdings muss das Ziel sein, **effektiv** zu lernen und dafür sind Pausen unerlässlich.

Untersuchungen haben ergeben, dass die Konzentration relativ schnell nachlässt, Sie diese aber durch »Minipausen« leicht wiederherstellen können. Untersuchungen haben ergeben, dass man trotz des Zeitverlustes durch die Pausen am Ende eines mehrstündigen Lernens einen höheren Lernerfolg als ohne Pausen erzielt.

Wie kommt das? Das Kurzzeitgedächtnis des Gehirns baut bei Erschöpfung relativ schnell Lernhemmungen auf – die Informationsfilter werden immer dichter. Sie haben wahrscheinlich selbst schon gemerkt, dass Ihr Gehirn dann automatisch Pause macht, Sie schauen aus dem Fenster, hören nicht mehr zu oder beobachten Ihren Nachbarn. Die Konzentration geht in diesen Momenten verloren, das Gehirn nimmt nichts mehr auf. Regelmäßige, kurze Pausen sind in der Lage, diese Lernhemmung zu verhindern, da keine starke Erschöpfung des Gehirns auftritt, die Konzentrationsfähigkeit bleibt erhalten.

Planen Sie Pausen ein, um Lernhemmungen des Gehirns zu vermeiden

---

180 Planen Sie aber diese Pausen! Damit verhindern Sie, dass Sie in stressigen Phasen zu wenig und in entspannten Situationen zu lange Pausen machen. Machen Sie daher eine Minipause (5 min) alle 20-30 Minuten Nettolernzeit, eine Kaffeepause (15- 20 min) nach spätestens eineinhalb bis zwei Stunden Nettolernzeit und eine Erholungspause (bis zu 90 min) nach drei Stunden lernen bzw. wiederholen. Die Zeitspannen nehmen darauf Rücksicht, dass man unterschiedlich gute Lernphasen haben kann. Wenn Sie das Gefühl haben, es läuft gerade gut, dann machen Sie die Pause etwas später, läuft es dagegen schlecht, ziehen Sie die Pause etwas vor. Grundsätzlich sind kaum mehr als zwei von diesen dreistündigen Lerneinheiten zu schaffen. Organisieren Sie ihren Tagesplan so, dass Sie diese Pausen einplanen können. In der restlichen Zeit können

Sie organisatorische Sachen erledigen, wie z.B. kopieren oder Schönfelder einsortieren.

machen Sie nach...	Pause
20-30 Minuten Lernen	5 Minuten Pause, dann wieder
20-30 Minuten Lernen, dann wieder	5 Minuten Pause, dann wieder
20-30 Minuten Lernen	jetzt 15-20 Minuten Pause, dann wieder
3 Zyklen mit jeweils 20-30 Minuten Lernen	jeweils unterbrochen durch eine Pause von 5 Minuten
nach dem letzten der drei Lernzyklen	legen Sie ein bis zu 90-minütige Pause ein
und legen danach von vorne los	usw.

181

Die »Siebener-Rhythmus«

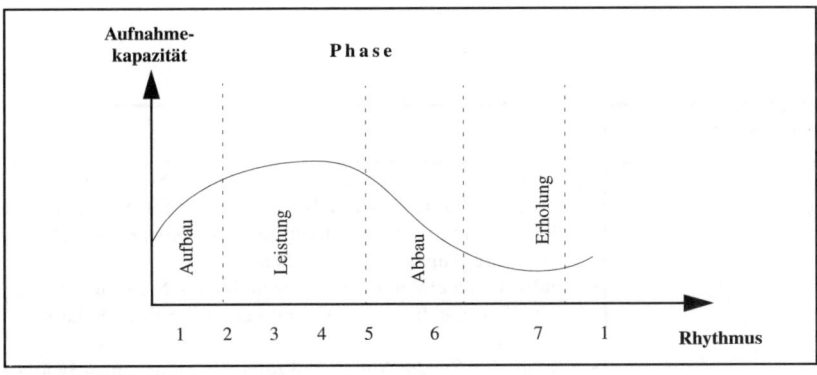

Abbildung 31

Pausen sollten Sie auch in Ihren Wochen- und Jahresplan einbauen. Die **182** 7-Tage-Woche mit einem festen Tag Pause (in der Regel der Sonntag) ist fester Bestandteil unseres Biorhythmus. Planen Sie daher einen »jurafreien« Tag in der Woche. Entsprechend sollten Sie sich nach 6 Wochen Lernen eine Woche zur Erholung gönnen. Den Zeitverlust holen Sie auch hier wieder durch effektiveres Lernen auf. Sollten Sie diese Pausen nicht machen (können, z.B. weil Sie beim Repetitor sind), wird Ihre Leistungsfähigkeit langfristig nicht mehr das optimale Niveau der Leistungsphase erreichen können. Die Funktionsweise Ihres Gehirns lässt das nicht zu!

3.6.2 Pausengestaltung und Erholungstechniken (mit praktischen Übungen)

183 Die Gestaltungsmöglichkeiten für die Pausen und Freizeitfelder in Ihrem Wochenplan sind vielfältig. Machen Sie das, was Ihnen am besten gefällt. Es sollte nur mit Jura nichts zu tun haben, da sonst Ihr Gehirn die Filter nicht abbaut.

In Ihrer Freizeit finden viele den Ausgleich zum Studium in Sport oder beim Weggehen abends. Was auch immer Sie tun, vermeiden Sie Alkohol nach den Lerneinheiten. Nicht nur, dass ihre Leistungsfähigkeit am nächsten Tag leiden wird, Alkohol behindert auch die Aufnahme der zuvor aufgenommenen Informationen in das Langzeitgedächtnis. Oder wollen Sie Ihre Zeit verschwenden bzw. gegen das kurze und zweifelhafte Vergnügen eines (schon oft genug erlebten) Rausches eintauschen?

Gestalten Sie auch die kurzen Pausen nach Ihrem Gusto. Einige Möglichkeiten haben wir hier gesammelt:

184

Pausenlänge	Aktion
5 Minuten (Minipause)	• Stehen Sie auf, strecken Sie sich, laufen Sie auf und ab, strecken Sie sich nochmals und schauen Sie entspannt in der Gegend umher, um nicht nur Ihren Körper, sondern auch Ihre Augen zu entspannen. • Falls Sie an einem Fenster sitzen, lehnen Sie sich zurück, genießen Sie die Aussicht und lassen Sie Ihre Gedanken treiben. • Schließen Sie die Augen und zählen Sie langsam aufwärts bis 10 und dann einen Countdown von 10 auf 0
15-20 Minuten (Kaffeepause)	• Verlassen Sie den Raum, in dem Sie arbeiten und gehen Sie etwas trinken. • Sollten Sie an der Universität lernen, verabreden Sie sich mit Kommilitonen zu den Kaffeepausen, unterhalten Sie sich und muntern Sie sich gegenseitig auf.

	• Sollten Sie das Gefühl haben, Sie befinden sich in einem Leistungstief (z.B. die Phase nach dem Mittagessen), nutzen Sie die Zeit zum Powernapping. Dieser Trend aus den USA folgt der biologischen Uhr. Akzeptieren Sie Ihr Tief und steigern Sie ihre Leistungsfähigkeit, indem Sie sich für 15 min bis max. 20 min hinlegen und schlafen. Wichtig ist, dass Sie dies nicht länger als 20 min tun, da sonst der positive Effekt verschwindet und statt einer Steigerung eine Reduzierung der Leistungsfähigkeit auftritt; Sie gleiten in eine Tiefschlafphase ab.
bis zu 90 Minuten (Mittagspause)	• Bereiten Sie Ihr Mittagessen zu oder gehen Sie in die Mensa. • Erledigen Sie notwendige Dinge, z.B. Einkaufen. • Nutzen Sie die Zeit für eine kurze Freizeitbeschäftigung, z.B. einen Spaziergang oder einen Schwimmbadbesuch

Abbildung 32

Es ist ganz natürlich, wenn Sie sich an diesen Pausenrhythmus und die **185** entsprechende Gestaltung der Pausen erst gewöhnen müssen. Aber seien Sie gewiss, nicht nur Ihr Körper wird es Ihnen danken, Sie sich selbst auch, wenn die Freizeitgleichung extrem positiv zu Ihren Gunsten ausfällt und Sie trotzdem ein gutes Erstes Staatsexamen ablegen. Dieser Arbeitsrhythmus wird aber auch in Ihrem Berufsleben ihre hohe Leistungs- und Konzentrationsfähigkeit fördern!

Test: Was war die Kernaussage des Abschnitts ? (vgl. Aufgabenstellung am Anfang des Kapitels)

3.7 Zusammenfassung

186 **Schritte für Ihr persönliches Lern- und Wiederholungsprogramm**

Abbildung 33

Kapitel 4: Zusammenfassung und Kurzanleitung zum erfolgreichen Examen

4.1 Das Projekt der erfolgreichen Examensvorbereitung

Gehen Sie Ihre Examensvorbereitung aktiv an – und zwar von Anfang **187** an. Irgendwann, spätestens, wenn Sie den Schwerpunktbereich in Angriff nehmen, müssen Sie die Hemmschwelle überwinden, irgendwann müssen Sie sich einer bestimmten Methodik stellen, irgendwann müssen Sie sich **Gedanken** machen über die **Art** der Vorbereitung, der Sie vertrauen. Wohlgemerkt: Der **Sie** vertrauen, nicht: Der **andere** vertrauen. Egal, was Sie vorher über die Examensvorbereitung gedacht haben (etwa: »Zu welchem Repetitor gehe ich bloß?« oder »Ohje, wie soll das bloß alles werden?« oder: »Mist, da habe ich mir noch überhaupt keine Gedanken gemacht.«, aber auch: »Klar, ich bin ein stark auditiver Lerntyp.«), gehen Sie noch einmal ganz an den Anfang.

4.1.1 Der erste Schritt: Die Rahmenbedingungen Ihres Projekts

Gehen Sie die folgende Checkliste durch: **188**
- Welche Möglichkeiten der Vorbereitung gibt es generell?
- Notieren Sie sämtliche Vor- und Nachteile jeder Vorbereitungsmethode!

- Welches ist mein Examensziel (konkrete ehrgeizige Note bitte!)?
- Wann ist mein konkreter Examenstermin für die schriftlichen Prüfungen (Farbe bekennen!)?
- Wie viel Zeit muss ich für die Vorbereitung einplanen (in Wochen und Monaten bitte!)?
- Wie viel der verfügbaren Zeit möchte ich zum Lernen verwenden?
- Wie viel der verfügbaren Zeit möchte ich zum Anwenden und Fälle lösen verwenden?
- Wie viel der verfügbaren Zeit möchte ich zum Wiederholen verwenden?
- Wie viel der verfügbaren Zeit möchte ich für Freizeit und Urlaub verwenden?

Nach diesem ersten Findungsprozess müssen Sie sich mit der Idee anfreunden, eine der von Ihnen genannten Vorbereitungsarten auszuwählen. Dazu ist es erforderlich, Ihren individuellen Lerntyp zu ermitteln.

4.1.2 Der zweite Schritt: Ihr Lerntyp – ein erster Anhaltspunkt

189 Machen Sie den NLP-Selbsttest. Er gibt Aufschluss darüber, welche Kanäle und Sinne Sie beim Wissenstraining vorwiegend nutzen (sollten), um ein gutes Lernergebnis zu erzielen. Nehmen Sie das Ergebnis ernst, auch wenn es nur einen Anhaltspunkt darstellt für die Wahl der Vorbereitungsart (siehe oben Rn. 15 ff.). Beachten Sie, dass wissenschaftlich erwiesen ist, dass die mit Abstand meisten Informationen durch aktive Beschäftigung mit dem Material nachhaltig aufgenommen und verarbeitet werden.

4.1.3 Der dritte Schritt: Die richtige Wahl der Vorbereitungsmethode

190 Überlegen Sie sich – zunächst abstrakt und theoretisch –, welche Vorbereitungsmethode am besten zu Ihrem Lerntyp passt. Wägen Sie die Vor- und Nachteile der verschiedenen Methoden nochmals gegeneinander ab. Machen Sie sich mit dem Arbeitsaufwand vertraut, der – abhängig von der jeweiligen Methode – jeweils auf Sie zukommt, und überlegen Sie, ob der Aufwand eher eine nutzlose Belastung darstellt oder Sie auf dem Weg zum erfolgreichen Staatsexamen bereits nach vorne bringt.

191 Bedenken Sie dabei Ihre Neigung zur Passivität. Seien Sie ehrlich zu sich selbst und gehen Sie in Gedanken die Mängel der klassischen Examensvorbereitung in Bezug auf Ihren Lerntyp und Ihre Bereitschaft zur

Selbstdisziplin durch. Werden Sie nun konkret. Überprüfen Sie in der Praxis, wie Sie ein Thema am besten aufbereiten, wie Sie sich am schnellsten Lerninhalte einprägen und diese anwenden können. Beobachten Sie dabei bitte auch, wie sehr die Aneignung von **System**wissen und Methodik gefördert wird. Im Idealfall nutzen Sie Informationsveranstaltungen, besuchen eine universitäre Examensvorbereitungsveranstaltung und halten eine Probe-Arbeitsgemeinschaft (zum Beispiel zum Thema: Strafrecht BT Vermögensdelikte) ab. Gehen Sie danach hart mit sich ins Gericht und fragen Sie sich, auf welche Weise Sie wohl den größten Lernerfolg zu erwarten haben. Dass Sie sich daneben bei jeder Vorbereitungsmethode auf aktive und disziplinierte Arbeit verpflichten, versteht sich von selbst. Nur wenn Sie **ganz sicher** sind, dass Sie überwiegend auditiv lernen und sich selbst so sehr im Griff haben, dass Sie auch in größeren Gruppen entgegen der Lebenserfahrung proaktiv lernen und **anwenden** können und werden, dürfen Sie eine Vorlesungsvorbereitung wählen. Wenn Sie hingegen vernünftigerweise bereit sind, der privaten Arbeitsgemeinschaft eine Chance zu geben, gehen Sie bitte weiterhin strategisch vor und lesen Sie weiter!

4.2 Die private Arbeitsgemeinschaft

4.2.1 Der erste Schritt: Die Gründung

Die Gründung einer privaten Arbeitsgemeinschaft bedarf nicht mehr als **192** ein wenig Vorbereitung, einer optimistischen Einstellung und – fast immer – der Courage zur Initiative. Wenn Sie eine AG ins Leben rufen wollen, müssen (oder dürfen) Sie das erste Mal Aktivität unter Beweis stellen. Laden Sie Kommilitonen zum Diskussionsabend ein. Überlegen Sie sich vorher, wer aus Ihrer Sicht für ein gemeinsames Arbeiten in Frage kommt und gehen Sie nicht zu kritisch mit Ihren Kommilitonen und deren Persönlichkeiten um. Denken Sie daran, dass Sie niemanden heiraten möchten, sondern lediglich einen brauchbaren **Kollegen** benötigen. Zur Not machen Sie einen Aushang am schwarzen Brett. Verabschieden Sie sich von der Vorstellung, Scheinnoten und Vorarbeit könnten über das zukünftige Examen entscheiden. Geben Sie auch den Kommilitonen eine Chance, die bisher nicht viel für ihr Studium getan haben. Auf die gemeinsame Einstellung **jetzt** kommt es an. Entscheidend ist lediglich eine gemeinsame Zielsetzung, die auch aus einer Punktzahl bestehen darf. Stellen Sie Ihre Idee, Ihr Konzept (und dieses Handbuch?) vor und entwickeln Sie gemeinsam einen AG-Rahmen und einen Lernplan. Sie werden sehen, dass bereits dieser Schritt den Anfang Ihrer erfolgreichen Examensvorbereitung darstellt. Überzeugen Sie Ihre Mitstreiter und einigen Sie sich auf gewisse Spielregeln. Entscheiden Sie sich für einen AG-Typ (möglichst denjenigen der anwendenden AG!) und visualisieren Sie die Vorteile der AG im Allgemeinen und des anwendenden Typs im Besonderen. Wichtig ist, dass sich alle Teilnehmer auf den einmal festgelegten Rahmen im Sinne eines »moralisch verpflichtenden Vertrags« einschwören und ihn als verbindlich anerkennen (siehe oben Rn. 57)

4.2.2 Der zweite Schritt: Der AG-Plan

193 Bevor Sie einen eigenen AG-Plan aufstellen, sollten Sie sich für einige Grundentscheidungen Zeit nehmen. Es gilt, eine Abwägung zwischen dem Prinzip der Vollständigkeit des Stoffes und dem Prinzip der Falllösung zu treffen. Versuchen Sie, den Stoff vollständig zu behandeln, aber gewichten Sie der jeweiligen Prüfungsordnung entsprechend. Der AG-Plan sollte genau festlegen, welches Gebiet Thema der nächsten Sitzung ist. In der Sitzung selbst ist der Stoff dann möglichst examensnah, d.h. ganz überwiegend anhand von konkreten Fällen zu behandeln. Als erste Anwendungs- und damit Wiederholungseinheit ist in der Sitzung dem Prinzip der Mündlichkeit mit kurzen Stichworten, möglichst bei den Lücken und Problemfällen, der Vorzug zu geben.

194 Danach ist der Stoff einzuteilen, zu portionieren. Bei keiner anderen Vorbereitungsmethode wird dies von Ihnen verlangt – was schade ist, da eine wichtige Erkenntnis verloren geht: Der Stoff ist überschaubar, endlich und zusammenhängend. Berechnen Sie die bis zum Examenstermin vorhandenen AG-Wochen. Berechnen Sie die zur Verfügung stehenden AG-Sitzungen. Berechnen Sie die pro Rechtsgebiet nach Ihrer individuellen Gewichtung zur Verfügung stehenden Sitzungen (siehe oben Rn 68).

195 Wenden Sie sich danach der Einteilung des Stoffes selbst zu. Teilen Sie den Stoff in verschiedene Ebenen ein, von denen die erste Ebene den gängigen Themen einzelner Lehrbücher entspricht (z.B. Verwaltungsrecht; Strafrecht AT; Familienrecht). Auf der zweite Ebene teilen Sie den Stoff (ebenfalls anhand von Lehrbüchern) in einzelne Unterabschnitte (z.B. Bauplanungsrecht; Täterschaft und Teilnahme; Kaufvertrag) und auf der dritten Ebene nehmen Sie sich vor, welche konkreten zusammenhängenden Rechtsprobleme aus dem jeweiligen Gebiet in einer einzigen AG-Stunde abgearbeitet werden sollen (z.B. Störerbegriff und polizeirechtliche Verantwortlichkeit; Generalklausel und Standardmaßnahmen). Allein diese Einteilung hat schon die erste Strukturierung des verlangten Stoffes in Ihrem Gedächtnis zur Folge. Wir garantieren Ihnen, dass die Einteilung spielend zu bewältigen ist und Sie nicht überfordern wird.

4.2.3 Der dritte Schritt: Die Durchführung und Nachbereitung der AG

Für eine erfolgreiche Durchführung einer AG-Stunde, aber auch für eine **196** erfolgreiche AG im Gesamten ist eine gute individuelle Vorbereitung unerlässlich. Dies klingt selbstverständlich; fragen Sie aber einmal Ihre Kommilitonen beim Repetitor, wie ernst sie die Vorbereitung auf den Kurs nehmen. Also: Auch wenn in der einzelnen AG-Stunde nichts auf dem Spiel steht; bereiten Sie sich darauf wie auf eine wichtige mündliche Prüfung vor; gründlich, konzentriert und langfristig orientiert. Die Motivation dazu ziehen Sie aus der Gruppendynamik, die es in einer privaten Arbeitsgemeinschaft schlicht nicht zulässt, dass man sich (gedanklich) zurücklehnt.

Bitte machen Sie sich klar, dass man in der AG in der Regel nicht gemeinsam lernt, sondern Fälle löst, und zwar nicht zur Veranschaulichung von Rechtsproblemen, sondern zum Training und zur Aneignung einer bestimmten Methode. Der unbestreitbare Vorteil ist der, dass die AG-Sitzung bereits die **Anwendung** Ihres Wissens und damit die erste (wichtige) Wiederholung bereits gelernten Stoffes darstellt. Ein weiterer Grund, gut vorbereitet zur Sitzung zu erscheinen.

Die einzelnen Sitzungen sollten nicht länger als 4 - 5 Stunden dauern, **197** selbstverständlich mit einer Pause, wenn die Konzentration nachlässt. Mündliche Arbeit steht im Vordergrund, so dass es für die Sitzung selbst nicht viel Materials bedarf. Allerdings muss sich der jeweilige AG-Leiter vorher um Fälle unterschiedlicher Schwierigkeitsgrade inklusive der Lösungen bemühen. Als Leiter sollte man davor keine Angst haben. Es ist kinderleicht, die einschlägigen Fälle pro Rechtsgebiet in Erfahrung zu bringen. Dies ist auch keine zusätzliche mühevolle Arbeit, sondern wiederum ein echter Gewinn an Überblick und juristischer Routine im Gewichten. Der jeweilige Leiter hat die Sitzung zu moderieren, die Lösung zu beherrschen und alle Teilnehmer gleichmäßig mit Fragen und Fällen zu »bedienen«. Er hat von Anfang an streng auf einen sauberen Aufbau, übertriebenen Gutachtenstil und korrekte Argumentation zu achten, denn die Falllösung in der AG ist immer auch Generalprobe für die Falllösung in der Examensklausur. Am Ende der Sitzung sollte die Frage gestellt werden, ob die behandelten Rechtsprobleme tatsächlich jedem klar sind und ob jeder Teilnehmer die AG mit einem befriedigenden Gefühl beendet.

198   Die Nachbereitung der AG-Sitzung ist genauso wichtig wie die Sitzung selbst. Sie müssen sich dazu zwingen, ehrlich mit sich zu sein und zu beurteilen, bei welchen Fällen Sie Probleme hatten (und seien sie auch noch so gering). Diese Fälle sind dann nach bestimmter Zeit gezielt nachzuarbeiten. Dies muss nicht lange dauern, sollte aber nicht abgeschlossen werden, bevor Sie sich nicht selbst sagen können: »Jawohl, jetzt habe ich zu diesem Thema alles verstanden.«

4.2.4 Problemprävention

199 Vergessen Sie die Angst vor Problemen, die bei der gemeinsamen Vorbereitung in der AG auftreten können. Vieles davon ist übertrieben und vermeidbar. Achten Sie auf einen fairen Umgang miteinander und verständigen Sie sich auf eine gewisse **Streitkultur**, die in einem festen institutionalisierten Rahmen verläuft. Halten Sie regelmäßig Feedback-Gespräche ab und betreiben Sie wie ein Teamleiter im Unternehmen aktives Risk-Management. Wie das geht? Vor allem, indem Sie gut **vorbereitet** sind. Teilen Sie mögliche Probleme vorab gedanklich ein. Welche Kategorien gibt es und welche Lösungs- und Vermeidungsansätze resultieren daraus? Sie befürchten ein Motivations- und Disziplinproblem? Dem kann durch eine realistische Zielsetzung vorgebeugt werden: Nicht zu einfach (»das schaffe ich auch ohne Anstrengung«) und nicht zu schwer (»das schaffe ich nie«), sondern ehrgeizig und realistisch (»das kann und will ich schaffen, aber nur mit harter disziplinierter Arbeit«). Verständigen Sie sich mit Ihren AG-Partnern auf ein gemeinsames Ziel. Dann entwickelt sich zusätzlich eine Gruppenmotivation, die dadurch zustande kommt, dass bei mehreren die individuellen Motivationskurven in der Regel nicht identisch verlaufen: Ist der eine »am Boden«, befindet sich der andere noch oder schon wieder in einer »Hochphase« und kann den anderen mitreißen.

200   Sie befürchten die Kritik der anderen bzw. Bevormundung durch die anderen? Bringen Sie sich ein, erinnern Sie an das gemeinsame Ziel – und vor allem: Lernen Sie, zurückzustecken und auch aus Kritik zu lernen. Nur das bringt Sie voran, denn Sie werden immer von anderen beurteilt werden, nie von sich selbst. Begreifen Sie das Streitgespräch in der AG als fruchtbaren Austausch, als konstruktiven Dialog. Den größtmöglichen Nutzen ziehen Sie daraus, indem Sie sich auch mit den Argumenten der anderen auseinandersetzen. Der richtige Umgang mit Kritik wird Ihr Berufsleben in noch viel stärkerem Maße prägen als in der Examens-AG. Trainieren Sie nebenbei jetzt schon dafür!

201   Schaffen Sie ein Gesamtkonzept für die AG mit konkreten Regeln. Viele »Überraschungen« (»Der X, als AG-Leiter für Donnerstag einge-

teilt, ist krank geworden«) und »Ausreden« (der Klassiker: »Wir haben nur selten einen Arbeitsraum für unsere AG gefunden«) können so vermieden werden. Es muss einen klaren Fahrplan bei Krankheit und Urlaub, empfindliche Sanktionen für Verspätungen, detaillierte logistische Pläne für Arbeitsräume, Stoff und Pausen usw. geben. Wenn diese Regeln und der AG-Vertrag (!) stets befolgt werden, werden viele Probleme schon im Vorfeld ausgeschlossen oder zumindest erheblich minimiert.

Und letztlich lässt sich auch die Examensangst in der AG besiegen: **202** Eine gut organisierte AG, die Lerneinheiten (auch optisch) abschließen und hinter sich bringen kann, die sich regelmäßig hinterfragt und die den portionierten Stoff systematisch bearbeitet, produziert ein starkes »Wir-Gefühl«, vermittelt Sicherheit und gibt Selbstvertrauen. Mehrfach pro Woche müssen Sie Fälle lösen – und zwar so, dass andere Ihre Lösung verstehen. Sie haben gelernt juristisch zu argumentieren und sind gezwungen, Ihre Methode vor kritischen Kommilitonen **anzuwenden**. Wer kann das in dieser Intensität vor dem Examensernstfall schon von sich behaupten? Gleichzeitig sehen Sie anhand des AG-Plans, wie viel Stoff Sie schon beherrschen und wie viel Stoff Sie noch vor sich haben. Viele kommerzielle Repetitoren leben davon, dass der Stoff gerade nicht weniger, sondern immer umfangreicher wird. Dies wird häufig durch Besprechung »neuester Urteile« dokumentiert, die man im Examen gar nicht kennen muss, weil es auf die Methode und nicht auf Einzelfallwissen ankommt. Wählen Sie immer den Weg über die Methode und Strukturtraining, nie über Einzelwissen! Die angenehme Seite bei der AG ist, dass der Stoffberg endlich ist und täglich sichtbar abschmilzt.

Und zu guter Letzt: Begreifen Sie die aktive und effektive Examensvorbereitung nicht nur als etwas, worauf Sie sich im eigenen Interesse verpflichtet haben, sondern als das, was Sie wirklich **wollen**. Wenn jeder in Ihrer AG so denkt wie Sie jetzt, dann haben Sie die besten Voraussetzungen für ein erfolgreiches Examen geschaffen. Problem erkannt – Gefahr gebannt!

4.3 Lernen und Wiederholen

Lernen und Wiederholen wird Ihren Arbeitsalltag vor dem Staatsexamen **203** bestimmen. Es ist hilfreich, wenn nicht gar unerlässlich, sich vorher Gedanken über effektive Lernmethodik zu machen und das reichhaltige Angebot an wissenschaftlichen Erkenntnissen und bewährten Tipps und Tricks für sich selbst individuell umzusetzen.

Machen Sie sich klar, dass der Lernprozess im Wesentlichen aus drei **204** Phasen besteht: Am Anfang steht der Erwerb von Kenntnissen (das »Lernen« im klassischen Sinne), dazu tritt mehr und mehr der Erwerb von Fähigkeiten (Sie realisieren Verknüpfungen zwischen verschiedenen Lerninhalten) und mündet in das Erwerben von Fertigkeiten, welches Ihnen ein Abrufen und Übertragen von Kenntnissen und Fähigkeiten auf einen konkreten unbekannten Fall oder eine konkrete unbekannte Situation erlaubt (= »Anwendung«). Dieser Prozess spielt sich in Ihrem Gehirn ab, ein Organ, welches Sie trainieren und unterstützen können, wenn Sie sich ein wenig mit seiner Funktionsweise auskennen.

205 Statistische Untersuchungen haben ergeben, dass die Wahrscheinlichkeit des Behaltens von Informationen überproportional steigt, wenn man statt oder neben der Nutzung seiner bekannten Sinnesorgane (hören und sehen) die Information nacherzählt oder auf sonst eine Weise »selbst macht«. Nutzen Sie diese Erkenntnis und »handeln Sie sich die Informationen ins Gehirn«, indem Sie so häufig wie möglich aktiv Fälle lösen und sich zu einem Nacherzählen der Lerneinheit zwingen – völlig ohne Hilfe, ohne Bücher oder Skripten. Auch wenn es am Anfang schwer fällt, lehnen Sie sich nicht zurück und verlassen sich auf ein Hängen bleiben der Informationen durch bloßes Hören (wie häufig beim Repetitor oder an der Uni); bearbeiten Sie den Lernstoff **aktiv**.

Steigern Sie neben Ihrer Effektivität auch Ihre Effizienz, indem Sie Ihren Lernalltag organisieren und strukturieren. Je mehr Sie in dieser Beziehung festen Strukturen folgen, um so mehr entlasten Sie Ihr Gehirn in Bezug auf Organisation. Gestalten Sie die Rahmenbedingungen Ihres Lernalltags (siehe oben Rn. 151 ff.).

4.3.1 Lernmethoden

206 Im Ersten Staatsexamen haben Sie keine Gelegenheit, Skripten oder Bücher zu Hilfe zu ziehen. Außerdem werden Sie den zu lösenden Fall im Staatsexamen mit an Sicherheit grenzender Wahrscheinlichkeit **nicht kennen**. Daraus folgt, dass Sie zum einen selbst viel wissen, viele Informationen parat haben müssen. Zum anderen müssen Sie sich darauf verlassen, den unbekannten Fall mit Hilfe einer antrainierten Methode in den Griff zu bekommen. Dies hat Auswirkungen auf Ihren Lernalltag. Verpflichten Sie sich zu **aktivem** Lernen. Sie kennen das Problem: Sie lesen ein Lehrbuch und können nach einer Stunde noch keine konkrete Frage dazu beantworten. Vielleicht gehören Sie auch zu den zahlreichen Studenten, die schon nach wenigen Seiten nicht mehr sagen können, worum es eigentlich in dem letzten Kapitel ging. Unsere Empfehlung: Nutzen Sie eine aktive Lernmethode, z.B. die SQ3R-Methode zum »Active Reading« (siehe oben Rn. 164). Der hohe Aufwand an Selbst-

disziplin, der dafür verlangt wird, zahlt sich am Ende in höherer Sicherheit bei der Falllösung und in einer besseren Freizeitbilanz aus!

Wenn Sie mit Markierungsmethoden arbeiten möchten, überlegen Sie **207** sich **vorher** ein schlüssiges Markierungssystem, welches Sie durchgängig verwenden. Markieren Sie den Text erst, wenn Sie die Aussage verstanden haben, und zwingen Sie sich zu sparsamem Umgang mit Markierungen – so schulen Sie Ihre Zusammenfassungs- und Strukturierungsgabe. Bedenken Sie, dass das Markieren nur der Schritt zum aktiven Lernen ist. Versuchen Sie aus Ihren Markierungen ein eigenes Kurzskript oder Karteikarten zu entwickeln. Ohne fremde Hilfe natürlich. Damit verstärken Sie Ihre gedankliche Zusammenfassung mit einer visuellen, schriftlichen Zusammenfassung.

Lösen Sie so häufig wie möglich Fälle, egal welcher Größe und welchen **208** Schwierigkeitsgrads. An kleinen Fällen können Sie den Gutachtenaufbau am besten trainieren, an größeren schulen Sie vor allem Ihre juristischen Argumentationsfähigkeiten. Zwingen Sie sich zu sklavischem Gutachtenstil und achten Sie stets auf sauberen Aufbau.

Eng mit der Falllösung steht die »Aktivierung« theoretischen Stoffs durch eigene Rückfragen in Zusammenhang.

Viele Juristen haben Probleme mit allgemeiner Literatur zu Gedächt- **209** nistraining. Sie fristet ein Schattendasein am Rande der juristischen Bibliothek; häufig ist sie dort überhaupt nicht vorhanden. Zu Unrecht! Versuchen Sie einmal ein Buch Ihres Geschmacks zum Gedächtnistraining. Da stehen häufig Banalitäten drin, werden Sie meinen. Na, um so besser. Wenn Sie glauben, Lernen sei banal, dann benötigen Sie diese Bücher wirklich nicht. Häufig sind es aber gerade die einfachen, banalen Dinge, die man sich noch nie in dieser Einfachheit klar gemacht hat. Testen Sie doch ruhig einmal, ob Ihnen etwa »Mindmapping« zusagt – und zwar nicht erst kurz vor dem Examen.

4.3.2 Wiederholungsmethoden

Wie Sie wissen, ist gezieltes und effektives Wiederholen des erlernten **210** Stoffes mindestens ebenso wichtig wie das Lernen und Anwenden. Gerade bei einem so langfristigen Projekt wie der Vorbereitung auf das Erste Staatsexamen mit langen Input- Zeiten gilt es, das Erlernte nicht nur durch beständiges Falltraining in das Langzeitgedächtnis zu überführen, sondern auch, die erlernten Definitionen und Meinungsstreitigkeiten, die nicht so häufig bei der Anwendung benutzt werden, nicht zu vergessen. Verschieben Sie Ihre Wiederholung nicht auf die Zeit knapp vor dem Examenstermin. Beginnen Sie direkt nach der ersten Lerneinheit mit dem Wiederholen. Vom ersten Tag Ihrer Vorbereitung an kämpfen Sie gegen das Vergessen. Daher sollte die Wiederholung von Anfang an ernst genommen werden und keinesfalls verschoben werden. Je schneller Sie mit dem Wiederholen anfangen und je gründlicher Sie den Stoff wiederholen, um so sicherer werden Sie in der gesamten Vorbereitungszeit. Außerdem wirkt sich effektives Wiederholen ebenfalls extrem positiv auf Ihre persönliche Freizeitgleichung aus.

211 Bedenken Sie dies bereits bei der Wahl Ihrer Lernmethode. Mit Karteikarten kann man besser wiederholen als mit Skripten, mit einer sinnvollen und schlüssigen Markierungsmethode und selbst formulierten Fragen kann man ein ganzen Lehrbuch viel schneller »wiederholen« als ohne solche Markierungen usw.

Der Wiederholungserfolg hängt auch von den Wiederholungszyklen ab. Machen Sie sich daher vorher einen echten Wiederholungsplan. Legen Sie fest, wie viel Ihrer »Vorbereitungszeit« für die Wiederholung verwendet werden soll, und planen Sie diese Zeit so konkret wie möglich fest ein. Wir empfehlen einen regelrechten »Wiederholungs-Terminkalender«.

Bei allen Wiederholungsmethoden achten Sie bitte streng darauf, nicht an der Oberfläche zu bleiben. Zwingen Sie sich, den Stoff nochmals in der ganzen Tiefe zu durchdringen, und vermeiden Sie die bekannte Gewissensberuhigung in Form einer Reproduktion des Gelernten ohne echtes gedankliches Engagement (Beispiel: »Körperverletzung plus, gemeinschaftlich plus, gefährlich minus« oder »ah, der Schweinemästerfall, den kann ich«).

212 Sie werden feststellen, dass der Stoff, der zeitlich erst relativ kurz vor dem Examenstermin gelernt wurde, nicht so häufig wiederholt werden konnte, wie der Stoff, den Sie ganz am Anfang Ihrer Vorbereitungszeit gepaukt haben. Macht nichts: Dafür ist der zuletzt erlernte Stoff auch noch »frischer« im Gedächtnis. Machen Sie sich deshalb keine Sorgen, sondern gehen Sie entspannt in die schriftlichen Prüfungen. Sie können stolz auf sich sein: Sie haben die für Sie effektivste Art der Examensvorbereitung gewählt. Sie können sich das Gefühl erlauben, wovon so viele Kandidaten träumen: »Ich habe wirklich getan, was ich konnte; mir kann nichts passieren«. Viel Erfolg!

Anhang 1:
Unser Muster-AG-Plan für das Erste Staatsexamen

Der folgende AG-Plan wurde von uns selbst erarbeitet, erfolgreich aus- **213** probiert und im folgenden an die im April 2007 in Baden-Württemberg geltende Justizausbildungs- und Prüfungsordnung (JAPrO) angepasst. Außerdem wurde das Datum angepasst, so dass der Plan bereits für das Sommersemester 2007 eine echte Orientierung bietet. Für alle späteren Termine sind die Daten entsprechend vorzutragen. Der Plan bietet eine zuverlässige Grundlage für die Vorbereitung. Gleichwohl muss er auf die Besonderheiten des jeweiligen Bundeslandes abgestimmt werden. Erneut sei betont, dass auch die Abfolge der einzelnen Gebiete nicht zwingend ist. Wer z.B. zuerst mit Strafrecht AT anfangen will, möge dies tun. Wir raten allerdings davon ab, im Zivilrecht streng chronologisch mit dem BGB AT zu beginnen. Bei der Fallauswahl wird man schnell feststellen, dass es kaum reine AT-Fälle gibt, aber durchaus eine Fülle von BT-Fällen mit kniffligen AT-Problemen. Diese Fälle wird man ohne BT-Kenntnisse nicht vernünftig bearbeiten können. Da man im BGB AT zumeist auch das größte Vorwissen mitbringt, bietet es sich an, zunächst die anderen Gebiete zu behandeln. Dann werden die AT-Einheiten gegen Ende der AG automatisch gleichzeitig zu Wiederholungseinheiten des BT. Dieses Vorgehen hatte sich zumindest bei uns bezahlt gemacht. Im Strafrecht ist die Situation nicht ganz so signifikant, aber durchaus ver-gleichbar. So hat es z.B. wenig Sinn, sich ohne Kenntnisse des BT mit Konkurrenzen zu beschäftigen, obwohl diese streng genommen zum AT gehören.

Auch inhaltlich gibt es natürlich Überschneidungen. So wird man beim BGB AT nicht umhin kommen, bei den Grundsätzen über den Ver-tragsschluss auch die Einbeziehung allgemeiner Geschäftsbedingungen zu besprechen (s.u. Nr. 61). Rechtswirkungen und Wirksamkeit von AGB stehen aber ausführlich bei Schuldrecht AT auf dem Plan (s.u. Nr. 1). Solche Überschneidungen sind bewusst hinzunehmen und in ihrer Schnittmenge jeweils als sinvolle Wiederholung und Vertiefung zu betrachten.

Was die Gewichtung anbelangt, kann möglicherweise eine Anpassung in Bezug auf das Schwerpunktfach vorgenommen werden: Wenn bei-spielsweise alle AG-Teilnehmer ihr Schwerpunktausbildung »Straf-rechtliche Rechtspflege« vor AG-Beginn abgeschlossen haben (oder Strafrecht ohnehin untergewichten wollen), kann bei Strafrecht wahr-scheinlich erheblich gekürzt oder gestrafft werden. Das Einsparpotenzi-

al wäre bei einem gemeinsamen Schwerpunktbereich »Handel und Wirtschaft« demgegenüber schon deutlich geringer und z.B. bei »Rechts-
geschichte« gar nicht vorhanden.

214 **AG-Beginn:** 28. April 2007
AG-Ende: 3. Juli 2008
AG-Sitzungen pro Woche: Semester (2-mal); Semesterferien
(3-mal) --> 112 AG-Sitzungen

Name des Teilnehmers	Geleitete AG-Sitzungen
B.	☐☐☐☐☐☐☐☐☐☐☐☐☐☐☐☐☐☐☐☐☐☐☐☐☐☐☐☐☐☐☐☐
P.	☐☐☐☐☐☐☐☐☐☐☐☐☐☐☐☐☐☐☐☐☐☐☐☐☐☐☐☐☐☐☐☐
M.	☐☐☐☐☐☐☐☐☐☐☐☐☐☐☐☐☐☐☐☐☐☐☐☐☐☐☐☐☐☐☐☐☐
C.	☐☐☐☐☐☐☐☐☐☐☐☐☐☐☐☐☐☐☐☐☐☐☐☐☐☐☐☐☐☐☐☐

Zivilrecht: BGB AT (4); Schuldrecht AT (9); Schuldrecht BT (11);
Mobiliarsachenrecht (4); Mobiliarsicherungsrecht (2); Immobiliarsa-
chenrecht (5); FamR (2); ErbR (3); HandelsR (2); GesellschaftsR (3);
ArbeitsR (3); ZPO (3); IPR (1)
Gesamt: 52 (= 46 %)

Öffentliches Recht: Grundrechte inkl. Verfassungsprozessrecht (7);
StaatsorganisationsR (4); VerwaltungsR AT (6); BauR (3); PolizeiR (4);
KommR, öffentliches SachenR (4); VwGO (3); StaatshaftungsR (1);
EuropaR (3)
Gesamt: 35 (= 31 %)

Strafrecht: AT (10); BT (13); StPO (2)
Gesamt: 25 (= 23%)

Wann?	Nr.	was?	wer?
	1	**SchuldRAT (1): Entstehung von Schuldverhältnissen**: Notwendigkeit eines Vertrages, Vertragsfreiheit, Kontrahierungszwang, Abgrenzung zum Gefälligkeitsverhältnis, vorvertragliche Schuldverhältnisse (§ 311 II BGB), AGB und Verbraucherschutz, Vorverträge	
	2	**StrRBT (1):** Diebstahl	
	3	**SchuldRAT (2): Inhalt von Schuldverhältnissen und Forderungen**: Treu und Glauben, Einzelheiten der Leistungserbringung (Hol-, Bring- und Schickschuld, Bestimmung des Leistungsinhaltes durch Dritte, Leistungszeit u. Leistungsort), Geldschuld, Gattung-, Wahlschuld, Ersetzungsbefugnis, Zurückbehaltungsrecht, Aufwendungsersatz, Wegnahmerecht, Auskunftspflicht	
	4	**VerwRAT (1):** Vorrang und Vorbehalt des Gesetzes, Ermessen, unbestimmte Rechtsbegriffe	
	5	**SchuldRAT (3): Erfüllung und Beendigung von Schuldverhältnissen:** Erfüllung, Hinterlegung, Aufrechnung, Erlass, Vergleich, Novation, Rücktritt, Kündigung, Widerruf	
	6	**StrRBT (2):** § 243 StGB, Rest des 19. Abschnitts	
	7	**SchuldRAT (4): Leistungsstörungen I:** Verschulden des Schuldners, Verantwortlichkeit für fremdes Verschulden (§§ 278, 831 BGB etc.), Gefährdungshaftung	
	8	**VerwRAT (2):** VA, Allgemeinverfügung, Rechtsverordnungen	
	9	**SchuldRAT (5): Leistungsstörungen II:** Unmöglichkeit	
	10	**StrRBT (3-4): 22. Abschnitt** Betrug, Untreue, betrugsverwandte Spezialtatbestände (Teil 1)	
	11	**SchuldRAT (6): Leistungsstörungen III:** Schlechtleistung, Verzug, Störung der Geschäftsgrundlage, Kündigung (Dauerschuldverhältnisse), Vertragsstrafe	
	12	**VerwRAT (3): Der rechtswidrige VA,** formelle Rechtmäßigkeit, Zuständigkeit, Verfahren, Form, materiell: Ermächtigungsgrundlage und allgemeine Rechtmäßigkeitsvoraussetzungen	
	13	**SchuldRAT (7): Voraussetzungen und Inhalt von Schadenersatzansprüchen:** Verursachung und Zurechnung, Kausalität, Verschulden, Art und Umfang, Schadensberechnung, Drittschadensliquidation, Erfüllungsschaden, Vertrauensschaden, Mitwirkung des Geschädigten	
	14	**StrRBT (3-4): 22. Abschnitt** Betrug, Untreue, betrugsverwandte Spezialtatbestände (Teil 2)	
	15	**SchuldRAT (8): Auswechslung eines Beteiligten:** Forderungsabtretung, Schuldübernahme, Vertragsübernahme	

	16	**SchuldRAT (9): Beteiligung weiterer Personen:** Vertrag zugunsten Dritter, Vertrag mit Schutzwirkung zugunsten Dritter Gläubigermehrheiten, Schuldnermehrheiten	
	17	**VerwRAT (4):** Bestandskraft, Rücknahme, Widerruf von VA	
	18	**SchuldRBT (1-3): Kauf:** Verletzung der Pflichten des Verkäufers (Leistungsstörungen beim Kauf), Gefahrtragung, Sachmängelhaftung, Tausch, Schenkung (Teil 1)	
	19	**StrRBT (5): 20. Abschnitt** (Raub, Erpressung etc.); 21. Abschnitt: Sachbeschädigung, verwandte Spezialtatbestände	
	20	**SchuldRBT (1-3): Kauf:** Verletzung der Pflichten des Verkäufers (Leistungsstörungen beim Kauf), Gefahrtragung, Sachmängelhaftung, Tausch, Schenkung (Teil 2)	
	21	**VerwRAT (5):** Verwaltungsvertrag	
	22	**SchuldRBT (1-3): Kauf:** Verletzung der Pflichten des Verkäufers (Leistungsstörungen beim Kauf), Gefahrtragung, Sachmängelhaftung, Tausch, Schenkung (Teil 3)	
	23	**StrRBT (6):** Aus dem **16. Abschnitt** §§ 218 ff.StGB, Straftaten gegen das Leben einzelner (Grenzen des Lebensschutzes, Sterbehilfe, Beteiligung an der Selbsttötung)	
	24	**SchuldRBT (4):** Miete, Pacht, Darlehen, Verbraucherdarlehen, Leasing, Factoring, Franchising, Verbraucherschutz bei besonderen Vertriebsformen (Haustürgeschäfte, Fernabsatzverträge, Widerrufsrechte)	
	25	**VerwRAT (6):** Realakt, Plan und Planung, Verwaltungsprivatrecht, Subventionierung, Zweistufentheorie; Verwaltungsorganisation (Aufbau), Verwaltungsvorschriften; Verwaltungsvollstreckung (im Überblick)	
	26	**SchuldRBT (5):** Dienst- und Werkvertrag (ohne Arbeitsrecht)	
	27	**StrRBT (7): Rest aus 16. Abschnitt** Mord und Totschlag, Aussetzung, fahrlässige Tötung, Verhältnis untereinander, § 28 StGB (beispielhaft am Mord)	
	28	**SchuldRBT (6): Weitere Verträge:** insbesondere Bürgschaft, Schuldanerkenntnis, Schuldversprechen, Auftrag, Verwahrung, Geschäftsbesorgung, Mäklervertrag, Verwahrungsvertrag, gemischte Verträge. Im Überblick: Versicherungsvertrag, Spiel, Wette, Differenzgeschäft, Vergleich, Inhaberschuldverschreibung, andere forderungsrechtliche Papiere und Zeichen des BGB, Anweisung.	
	29	**StrRBT (8): 17. Abschnitt** inkl. ärztlicher Aufklärung, Doping, § 340 StGB	
	30	**SchuldRBT (7):** GoA	

	31	**SchuldRBT (8-9): Ungerechtfertigte Bereicherung**: Leistungskondiktion, Nichtleistungskondiktion, andere Kondiktionen, Mehrpersonenverhältnisse (Teil 1)	
	32	**StrRBT (9): 14. Abschnitt; 23. Abschnitt** (Urkundenfälschung) gem. JaPrO, § 348 StGB	
	33	**SchuldRBT (8-9): Ungerechtfertigte Bereicherung** (Teil 2)	
	34	**VwGO (1):** Verwaltungsrechtsweg; Klagearten: Anfechtungs-, Verpflichtungsklage, allgemeine Leistungsklage	
	35	**SchuldRBT (10-11): Unerlaubte Handlungen** (Teil 1)	
	36	**StrRBT (10): 28. Abschnitt** gem. JaPrO	
	37	**SchuldRBT (10-11): Unerlaubte Handlungen** (Teil 2)	
	38	**VwGO (2):** Feststellungsklage, Fortsetzungsfeststellungsklage, Verhältnis der Klagearten untereinander, Klagehäufung, Klagebefugnis und subjektiv öffentliches Recht; Normenkontrollklage	
	39	**MSachenR (1):** Grundprinzipien des SachenR, Besitz, Erwerb und Verlust des **Eigentums** (§§ 929ff. BGB)	
	40	**StrRBT (11): 7. Abschnitt** (gem. JAPrO), Falschverdächtigung § 164 StGB; **9. Abschnitt**, Rechtsbeugung	
	41	**VwGO (3):** Allgemeine Sachentscheidungsvoraussetzungen, Begründetheit, Einstweiliger Rechtsschutz (§§ 80, 123 VwGO)	
	42	**MSachenR (2):** Erwerb vom Nichtberechtigten, §§ 946-952 BGB, Aneignung, FundR, Ersitzung, Nießbrauch an der Fahrnis	
	43	**StrRBT (12):** Widerstand gegen Vollstreckungsbeamte, Bestechung,	
	44	**MSachenR (3-4): § 985 ff. (EBV)** (Teil 1)	
	45	**MSachenR (3-4): EBV** (Teil 2)	
	46	**StrRBT (13): 18. Abschnitt**; (aus dem AT:) Konkurrenzen	
	47	**MSicherungsR (1-2):** Eigentumsvorbehalt, Sicherungsübereignung, PfandR (Überblick) (Teil 1)	
	48	**PolR (1):** Allgemeines PolR in der bundesstaatlichen Ordnung, Befugnisnormen im PolizeiR, Generalklausel	
	49	**MSicherungsR (1-2):** Eigentumsvorbehalt, Sicherungsübereignung, PfandR (Überblick) (Teil 2)	
	50	**PolR (2):** Gefahrenabwehr und Opportunitätsprinzip, Störer	
	51	**ImmSachR (1):** Beseitigungs- und Unterlassungsansprüche (§ 1004 BGB); NachbarR (§ 906 BGB)	

52	**PolR (3):** Nichtstörer, Rechtsformen polizeilichen Handelns und Rechtsschutz dagegen; Altlasten	
53	**ImmSachR (2-3):** Grundbuch, Erwerb des Eigentums an Grundstücken (Teil 1)	
54	**PolR (4):** Entschädigungs- und Ersatzansprüche, Vollsteckung (Abschleppfälle etc.)	
55	**ImmSachR (2-3):** Grundbuch, Erwerb des Eigentums an Grundstücken (Teil 2)	
56	**BauR (1):** BauplanungsR: Bauleitplanung (Flächennutzungsplan, Bebauungsplan), Aufstellung, Abwägung etc., Rechtsschutz gegen Bebauungspläne	
57	**ImmSachR (4-5): Abschnitt 7** (ohne Rentenschuld) Hypothek, Grundschuld (Teil 1)	
58	**BauR (2): Bauplanungsrechtliche Zulässigkeit,** §§ 29 ff. BauGB	
59	**ImmSachR (4-5): Abschnitt 7** (ohne Rentenschuld) (Teil 2)	
60	**BauR (3):** Bauordnungsrecht, Nachbar- u. Rechtsschutz im BauR	
61	**BGBAT (1):** Vertrag (inkl. Vertragsschluss unter Einbeziehung von AGB und Besonderheiten bei Verbraucherverträgen), Willenserklärung (inkl. Zugang) und Rechtsgeschäft (Auslegung etc.)	
62	**KommR (1):** Selbstverwaltung: Rechtsgrundlagen und Gesetzgebungszuständigkeiten, Stellung der Kommunalverwaltung im Staat. Die Gemeinde als Gebietskörperschaft: Gemeindegebiet, Einwohner, Befugnisse der Gemeinde, Entstehung und Rechtsnatur, Verhältnis: Bürger – Gemeinde. Garantie der kommunalen Selbstverwaltung: Art. 28 II GG.	
63	**KommR (2):** Allgemeines zur Gliederung und Zuweisung kommunaler Aufgaben. Freiwillige Aufgaben, Pflichtaufgaben. Rechtsnatur der Pflichtaufgaben nach Weisung. Auftragsangelegenheiten aus Bundesrecht. Gemeinde als Ortsgesetzgeber, gemeindliche Satzungen. Satzungsautonomie, Begriff der Satzung. Rechtmäßigkeit und Wirksamkeit. Pflicht- und freiwillige Satzungen. Gemeindeorgane: Rat und Bürgermeister	
64	**BGB AT (2):** Bedingung und Befristung, Geschäftsfähigkeit, Form, Nichtigkeit, Ansprüche, Einreden, Rechtssubjekte (im Überblick), Rechtsobjekte; Fristen, Verjährung	
65	**KommR (3):** Bezirksverfassung und Ortschaftsverfassung. Organe des Landkreises. Die Rechtsbeziehungen der Gemeinde zu Dritten. Erlass von VA, Vertretung und Haftung der Gemeinde; Privatrechtliche Geschäfte und wirtschaftliche Betätigung.	
66	**BGBAT (3):** Willensmängel und Anfechtung	

	67	**KommR (4):** Verletzung der gesetzlichen Aufgabenverteilung, Haftung der Gemeinde, Aufhebung von Gemeinderatsbeschlüssen. Genehmigungsvorbehalte, Rechtmäßigkeits- oder Ermessenskontrolle. Anordnungsrecht und Ersatzvornahme. Anspruch des Bürgers auf Einschreiten der Kommunalaufsichtsbehörde. Befugnisse der Rechtsaufsicht. Die kommunalen Einrichtungen.	
	68	**BGBAT (4):** Stellvertretung inkl. Titel 6.	
	69	**StrRAT (1):** Anwendung deutschen Strafrechts, Handlung, Kausalität und objektive Zurechnung	
	70	**GrundR (1):** Art. 5 GG und allgemeine Grundrechtslehren	
	71	**StrRAT (2):** Vorsatz	
	72	**ZPO (1):** Gerichtsverfassung und Normalverfahren; Spruchkörper mit Besetzung, Instanzenzug, Personen der Rechtspflege, Recht auf gesetzlichen Richter; Versäumnisurteil; Klageerhebung, Zustellung, Verhandlung, Urteil; Verfahrensgrundsätze, Partei als Rechtssubjekt	
	73	**GrundR (2):** Art. 8, 9 GG	
	74	**ZPO (2):** Rechtsbehelfe/Einlassungen des Beklagten, Anfechtung, Widerklage, Prozessaufrechnung, Anerkenntnis, Klagerücknahme, Klagehäufung, Streitgenossenschaft, Klageänderung und Vergleich; Beweisverfahren im Überblick und Rechtskraft	
	75	**StrRAT (3): Rechtswidrigkeit**, Einverständnis, Einwilligung	
	76	**ZPO (3): VollstreckungR**, Arten der Zwangsvollstreckung, Antrag, Titel, Klausel, Zustellung, Rechtsbehelfe gg. drohende Vollstreckung (Erinnerung, Beschwerde, Klagen, Schutzantrag); vorläufiger Rechtsschutz	
	77	**GrundR (3):** Art. 4, 6, 7, 16a, 18 GG	
	78	**GesR(1):** Außenwirkung der **GbR, OHG, KG**; Entstehung und Entstehungsmängel, Rechtsnatur, Vertretung, Haftung	
	79	**StrRAT (4):** Schuld	
	80	**GrundR (4):** Art. 12, 12 a GG	
	81	**GrundR (5):** Art. 14 GG	
	82	**GesR (2):** Innenverhältnis der **GbR, OHG, KG**; Geschäftsführung, Verwaltung, Willensbildung, Vermögen, Eintritt, Beitritt, Austritt, Wechsel von Gesellschaftern, Nachfolge	
	83	**StrRAT (5):** Irrtum	

84	**GesR (3):** Recht der Kapitalgesellschaft (nur **GmbH**). Errichtung und Mängel im Gründungsakt, Geschäftsführung und Vertretung (im einzelnen: Gründungsvertrag, Organbestellung, Stammkapital, Anmeldung, Eintragung, Abberufung des Geschäftsführers)	
85	**GrundR (6):** Art. 10, 13, 19, 17 GG	
86	**ArbR (1):** Grundlagen und das **Individualarbeitsverhältnis**, Rechtsquellen, arbeitsrechtliche Normenpyramide, Systemzusammenhang der wichtigsten Anspruchsgrundlagen, Begründung eines Arbeitsverhältnisses mit Mängellehre, Inhalt (Vertragspflichten der Parteien), Beendigung (wichtig: Kündigungsschutz), Betriebsnachfolge	
87	**StrRAT (6-7): Täterschaft und Teilnahme** (Teil 1)	
88	**ArbR (2): Leistungsstörung** und Rechtsfolgen, Pflichtverletzung: ArN (Nichterbringung, Schlechterfüllung, Nebenpflichtverletzung) ArG (Verstoß gg. Vergütungspflicht, Fürsorgepflicht, rechtswidrige Ungleichbehandlung, Annahmeverzug mit Betriebsrisikolehre), Haftung im Arbeitsverhältnis	
89	**GrundR (7):** Art. 2, 3, 11 GG	
90	**ArbR(3):** Individualarbeitsrecht: Urlaub, Krankheit, Unfall; **Kollektives ArbR** (im Überblick; Abschluss und Wirkung von Betriebsvereinbarungen und Tarifverträgen), Mitbestimmung nach dem BetrVG, Fragen der Tarifgebundenheit nach TVG (Günstigkeitsprinzip und Tarifpluralität)	
91	**StrRAT (6-7): Täterschaft und Teilnahme** (Teil 2)	
92	**HandelsR (1):** Kaufmannsbegriff, Prokura, Stellvertretung, Handlungsvollmacht, Publizitätswirkung des Handelsregisters	
93	**StaatsOrgaR (1):** GG als Verfassung, Staat: Staatsvolk, Staatsgebiet, Staatsgewalt, Staatsformmerkmale und Strukturprinzipien. Art 20 GG: Demokratie, Republik, Rechtsstaatsprinzip, Sozialstaat, Wirtschaftsverfassung, Bundesstaatsprinzip: Rechtsgrundlagen und Bedeutung, Begriff, die konstruktive Aufgliederung, Verteilung staatlicher Aufgaben, Rechtsbeziehung zw. Bund u. Ländern, Kooperativer Föderalismus, Neugliederung des Bundesgebietes	
94	**HandelsR (2):** Unternehmensbegriff, allgemeine Vorschriften über Handelsgeschäfte (§§ 343 ff. HGB); Handelskauf, § 377 HGB	
95	**StrRAT (8): Versuch**, Rücktritt vom Versuch	

	96	**FamR (1)**: Verlöbnis, Eheschließung, Rechtswirkung im allgemeinen (**eheliche Lebensgemeinschaft** § 1353 BGB), Ehename, Pflichtverteilung, Mitverpflichtung/Bürgschaft des einkommens- und vermögenslosen Ehepartners, § 1357 BGB, Sorgfaltspflichten, § 1359 BGB, Unterhaltspflichten §§ 1360 ff. BGB, Eigentumsvermutung (Schutzvorschriften zugunsten des Gläubigers eines der Ehegatten, § 1362 BGB), Sondervorschriften bei Getrenntleben (ohne Getrenntlebendenunterhalt)	
	97	**StaatsOrgaR (2)**: Bundestag und Parteien, Bundesrat	
	98	**FamR (2)**: **Eheliches Güterrecht**, BGB-§§ 1363-1371 (Prinzipien der Zugewinngemeinschaft (§§ 1365, 1369), Zugewinnausgleich, Ehevertrag, § 1408 BGB; (Nicht-) **eheliche Kinder** und Verwandtschaft (§ 1589): Rechtsstellung, elterliche Sorge (§ 1626), Vertretung (§ 1629), Ausschluss und Beschränkung der Vertretungsmacht, §§ 1629 II, 1, 1795, genehmigungspflichtige Rechtsgeschäfte und Sorgfaltsmaßstab (§§ 1643, 1664); Allgemeines Persönlichkeitsrecht des Kindes. Eheliche Abstammung §§ 1591 - 1600. Nichteheliche Lebensgemeinschaft/ Nichteheliche Kinder	
	99	**StrRAT (9)**: Fahrlässigkeit	
	100	**StaatsOrgaR (3)**: Bundesregierung und Bundeskanzler, Bundespräsident	
	101	**ErbR (1)**: Verfügung von Todes wegen (Inhalt, Wirksamkeitsvoraussetzungen, Nichtigkeit). Auslegung der Verfügung von Todes wegen. Besonderheiten des Erbvertrages und des gemeinschaftlichen Testaments.	
	102	**StrRAT (10)**: Unterlassung	
	103	**ErbR (2)**: **Gesetzliche Erbfolge**: Verwandte, Ehegatten, nichteheliche Kinder, Staat, nichteheliche Lebensgemeinschaft. Ausschluss von der Erbfolge: Enterbung, Unwürdigkeit, Verzicht, Ausschlagung. Die am Nachlass Berechtigten: Miterbengemeinschaft, Verfügung der Miterben, Verwaltung des Nachlasses, Auseinandersetzung	
	104	**StaatsOrgaR (4)**: Gesetzgebung des Bundes: Bund und Länder, Kompetenz des Bundes, Verfassungsändernde Gesetze, RVO; Ausführung der Bundesgesetze und die Bundesverwaltung (kompletter Verwaltungsaufbau), Bundeswehr, Auswärtige Angelegenheiten, Rechtsprechung (Aufbau)	
	105	**ErbR (3)**: Widerruf und Anfechtung der Testamentsverfügung, Wirkungen des Erbscheins, Erbenhaftung, PflichtteilsR	
	106	**StaatshaftungsR**: (im Überblick) Amthaftung, Enteignung, Enteignungsgleicher Eingriff, enteignender Eingriff, weitere Anspruchsgrundlagen	
	107	**StPO (1)**: GVG und Verfahrensgrundsätze; Ermittlungsverfahren (Zwangsmittel und Eingriffsbefugnisse)	

	108	**StPO (2)**: Hauptverfahren und Beweisrecht	
	109	**EuropaR (1): Organe und Handlungsformen**. Wesen des EU-Rechts, Organe mit Kompetenzen und Organisation, Struktur der EU; Rechtsquellenlehre; Grundzüge des Völkerrechts	
	110	**IPR**: Allgemeiner Teil; EGBGB: Recht der natürlichen Personen und der Rechtsgeschäfte, Schuldrecht, Sachenrecht	
	111	**EuropaR (2)**: Grundfreiheiten im EU-Recht und ihre Durchsetzung, Rechtsschutzsystem vor dem EuGH.	
	112	**EuropaR (3)**: Wechselwirkung zwischen dt. und europäischem Recht (insb. VerwaltungsR, Staatshaftungsrecht); Bezüge zwischen EuropaR und allen anderen Rechtsgebieten, die Gegenstand des Pflichtstoffs sind (z.B. Fernabsatz, Verbraucherschutz; Strafrecht und Verfassungsrecht etc.)	

Anhang 2:
Unser Muster-AG-Plan für das Zweite Staatsexamen

Auch für das Zweite Staatsexamen fügen wir einen AG-Plan an, der von uns – allerdings unabhängig voneinander und nicht in derselben Zusammensetzung ausprobiert, optimiert und an die im April 2007 in Baden-Württemberg geltende JAPrO angepasst wurde. Für die Daten gilt entsprechendes wie zu **Anhang 1**. Auch dieser Plan bietet eine zuverlässige Grundlage für die Vorbereitung. Gleichwohl muss hier in besonders starkem Maße auf die Besonderheiten des jeweiligen Bundeslandes und v.a. auf die Besonderheiten der Relationstechnik abgestimmt werden, die sich nur begrenzt in einen Lernplan fassen lassen. Wie in dem dazu gehörigen Kapitel dargestellt, lebt der Vorbereitungsdienst wesentlich stärker als das Studium von der praktischen Arbeit in Dezernat/Kanzlei und am Fall. Erneut sei betont, dass auch die Abfolge der einzelnen Gebiete nicht zwingend ist.

AG-Beginn:	15. April 2007	**216**
AG-Ende:	27. Mai 2008	
AG-Sitzungen pro Woche:	1	

Name	Geleitete AG-Sitzungen
M.	☐☐☐☐☐☐☐☐☐☐☐☐☐☐☐☐☐☐☐☐☐☐☐☐☐☐☐☐☐
C.	☐☐☐☐☐☐☐☐☐☐☐☐☐☐☐☐☐☐☐☐☐☐☐☐☐☐☐☐
A.	☐☐☐☐☐☐☐☐☐☐☐☐☐☐☐☐☐☐☐☐☐☐☐☐☐☐☐☐☐☐
C.	☐☐☐☐☐☐☐☐☐☐☐☐☐☐☐☐☐☐☐☐☐☐☐☐☐☐☐☐☐

Zivilrecht: BGB AT (2); SchuldR (4); SachenR (3); FamR (3); ErbR (1); **217** HandelsR/ IPR (1); GesellschaftsR (1); ArbeitsR (1); InsolvenzR (1); StraßenverkehrsR (1)
ZPO (3); FamilienprozessR (1); ZwangsvollstreckungsR (2)
Gesamt: 24 (= 46 %)

Öffentliches Recht: VerwaltungsR AT (2); StaatshaftungsR (1); BauR (2); PolizeiR (2); KommunalR/öffentliches SachenR (2); StraßenR (1); AbfallR (1); NaturR (1); AusländerR (1); EuropaR (1)
VwGO (2)
Gesamt: 16 (=31 %)

Strafrecht: AT (4); BT (4); StPO (3); OWiG/JGG (1)
Gesamt: 12 (=23%)

218

Wann?	Nr.	Themengebiet	wer?
	1	**FamR (1):** Materielles Scheidungsrecht, Unterhaltsrecht Teil 1 (z.B. JA-Heft 20: Materielles Scheidungsrecht (§§1,2)	
	2	**FamR (2):** Unterhaltsrecht Teil 2 (JA-Heft 20: § 2)	
	3	**FamR (3):** Vermögensausgleich unter Ehegatten (JA-Heft 20, §3)	
	4	**FamProzessR:** Z.B. JA-Heft 19: Das Verfahren in Familiensa chen	
	5	**ZPO (1):** Erledigung, Widerklage, Versäumnisurteil, Klageände rung, Parteiwechsel, Parteibeitritt, Klagerücknahme	
	6	**ZPO (2):** Berufung, Revision, Beschwerde, Rechtskraft, Beweis, Beweislast, Selbständiges Beweisverfahren	
	7	**ZPO (3):** Einstweiliger Rechtsschutz, Beteiligung Dritter am Rechtsstreit, Prozessvergleich, Aufrechnung während des Pro zesses	
	8	**ZPO (4):** Vollstreckungsrecht (1) z.B. Lackmann, Zwangsvoll streckungsrecht, Teil 1 + Teil 2 Abschnitte 1-4)	
	9	**ZPO (5):** Vollstreckungsrecht (2): Lackmann Teil 2 Abschnitte 5-7, 3. Teil, 5. Teil	
	10	**ZPO (6):** Insolvenz- und Anfechtungsrecht: Lackmann 6. Teil (evtl. Rest Vollstreckungsrecht)	
	11	**BGBAT (1):** Stellvertretung (auch HandelsR), Geschäftsfähig keit	
	12	**BGBAT (2):** Verjährung, Fristen, Sicherheits leistung, Anfech tung, Vertragsschluss, AGB	
	13	**StPO (1):** Verfahrensfragen (Beweisgewinnung im Ermittlungs verfahren, Zwangsmittel), Abschlussverfügung der Staatsan walt schaft (Anklageschrift, Surrogate der Anklageschrift, Eins tel lungsverfügung)	

14	**StPO (2):** Das Urteil erster Instanz (Zwischenverfahren, Haupt verfahren)	
15	**StPO (3):** Rechtsmittel (Revision/Berufung/Beschwerde)	
16	OWiG, Straßenverkehrsdelikte, JGG	
17	Straßenverkehrsrecht	
18	**StrRAT (1):** Täterschaft, Teilnahme, Unterlassung, Fahrlässigkeit	
19	**StrRAT (2):** Versuch, Rücktritt, Schuld	
20	**SchuldR (1):** Das Recht der Leistungsstörungen	
21	**SchuldR (2):** Gewährleistung (insb. im Kauf- und Werkvertrag), Mietrecht	
22	**StrRAT (3):** Rechtswidrigkeit und Wahlfeststellung	
23	**SchuldR (3):** Mäklervertrag, Auftrag, GoA, Leasing, Architektenvertrag	
24	**StrRAT (4):** Vorsatz und Zurechnung	
25	**SchuldR (4):** Delikt, Produkthaftung, §§ 249 ff. BGB	
26	**StrRBT (1):** Widerstand u.a., Sachbeschädigung, Aussagedelikte, Falschverdächtigung u.a.	
27	**StrRBT (2):** Ehr- und Amtsdelikte, Tötungs- und KV-Delikte, 14. + 30., 16. 17. Abschnitt	
28	**VwGO (1):** Einstweiliger Rechtsschutz, Widerspruchsverfahren, Tenorierung	
29	**VwGO (2):** Die Klagearten, Urteil/Beschluss, Kosten, Normenkontrollverfahren	
30	**AVwR (1):** Z.B. Maurer §§ 1-10	
31	**AVwR (2):** Mauerer §§ 11-20, § 24	
32	**AVwR (3):** Staatshaftung (Maurer §§ 25-29)	
33	**StrRBT (3):** Diebstahl, Erpressung, Begünstigung, Untreue	
34	**StrRBT (4):** Urkundsdelikte, Delikte gg. die Freiheit, Umweltdelikte, Brandstiftung	
35	**SachenR (1):** Bewegliches Sachenrecht	
36	**SachenR (2):** Unbewegliches Sachenrecht	
37	KommR (1)	
38	KommR (2)	

	39	**SachenR (3)**: EBV und Unterlassungsansprüche	
	40	ErbR	
	41	PolR (1)	
	42	PolR (2)	
	43	ArbeitsR	
	44	HandelsR, IPR	
	45	EuropaR	
	46	GesellschaftsR	
	47	BauR (1)	
	48	BauR (2)	
	49	AbfallR	
	50	NaturR	
	51	StraßenR	
	52	AusländerR	

Anhang 3:
Literaturempfehlungen

1. Allgemeine Hinweise

Die Zusammenstellung stellt nur eine kleine Auswahl der auf dem Markt **219** erhältlichen guten Bücher dar. Für jedes Rechtsgebiet schlagen wir Ihnen jeweils – wenn auch mit gewissen Bauchschmerzen – ein Buch zur Einführung (Grundlagen), zur Vertiefung und schließlich eine Fallsammlung vor. Wir möchten Ihnen mit der Aufstellung zeigen, dass Sie auch ohne Repetitor genügend Lehrbücher und Fälle zu jedem Fachgebiet finden werden. Verpflichtend ist die Auswahl keinesfalls; die folgenden Bücher haben wir allerdings mit großem Gewinn für unsere eigene Arbeitsgemeinschaft einsetzen können. Wie schon wiederholt gesagt, gilt: Ein Buch ist gut, wenn **Sie persönlich** damit gut arbeiten können. Sagt Ihnen ein Lehrbuch von Stil oder Aufbau her nicht zu, so quälen Sie sich nicht, sondern nehmen Sie ein anderes zur Hand. Der Vorteil der eigenverantwortlichen Examensvorbereitung besteht ja gerade darin, selbständig auswählen zu können und nicht auf bestimmte Materialien (z.B. das Repetitoriums-Skript) fixiert zu sein.

Am effektivsten wird es sein, wenn Sie ein Grundlagenbuch auswäh- **220** len und lediglich ausgewählte Probleme – in der Regel die, die Sie im Grundlagenbuch nicht verstanden haben – mit den großen Lehrbüchern vertiefen. Denken Sie immer wieder daran: **Strukturen sind wichtiger als Einzelwissen!** Diesen Grundsatz müssen Sie auch bei der Literaturauswahl berücksichtigen. Bevor Sie den Studienkommentar von **Kropholler** nicht durchgearbeitet haben, bleibt der **Medicus** im Schrank. Solange Sie nicht den Studienkommentar von **Joecks** oder **Kindhäuser** »zerarbeitet« haben, bleibt **Roxin** unter Verschluss. Unter »Zerarbeiten« verstehen wir dabei, dass Sie das Buch vollständig (!) durchgearbeitet, ggf. mit eigenen Anmerkungen versehen und jeden Satz verstanden haben bzw. nachvollziehen können. Dies bedeutet in der Regel, dass Sie das Buch immer und immer wieder in die Hand nehmen müsen. Verstehen Sie uns nicht falsch. Die großen Lehrbücher sind hervorragende Bücher, die Sie intensiv nutzen sollen; leider machen jedoch viele Studenten und Referendare den zweiten Schritt vor dem ersten. Gerade das **Bürgerliche Recht** von **Medicus** ist wahrscheinlich das beste Buch zum Zivilrecht, wahrscheinlich aber auch das am häufigsten falsch eingesetzte. Das Buch ist so kompakt geschrieben, dass Sie es mit Gewinn erst lesen, verstehen und den Inhalt behalten (!) können, wenn die Grundlagen wirklich sitzen. Es macht auch keinen Sinn, wenn Sie das 29. Problem aus dem Buch »30 Probleme aus dem Eigentümer-Besitzer-Verhältnis« lernen, in der Klausur leider aber vergessen, dass ein Anspruch aus EBV eine Vindikationslage voraussetzt.

221 Bei der Fallauswahl benötigen Sie Fälle verschiedener Schwierigkeitsgrade. Für jedes Rechtsgebiet gibt es neben den unten genannten Fallsammlungen folgende Ressourcen, die nicht mehr einzeln aufgeführt werden:

– **PdW/Prüfe dein Wissen (Beck-Verlag)**: Existiert fast zu jedem Rechtsgebiet. Gerade für den Einstieg eine gute Grundlage. In der Anfangszeit der AG werden Sie PdW-Fälle vermehrt einsetzen, später – bei steigendem Wissensstand – allerdings umfangreichere Fallsammlungen benötigen.

– **Alpmann/Schmidt-Skripten**: Für AG-Stunde sehr gut brauchbar, da die Fälle recht anspruchsvoll sind und komplett durchgelöst werden. Wer diese Fälle benutzt, vergisst nichts Wesentliches. Insbesondere die ÖR-Skripten sind sehr ordentlich.

– Häufig finden Sie in der JuS so genannte **Grundfallreihen**, die bestimmte Themenblöcke abhandeln. Die vorgestellten Fälle decken fast alles ab, sind aber häufig etwas kurz und allein hinsichtlich des gerade besprochenen Problems gelöst! Hier eine Übersicht der letzten Jahre:

222

Neureither: Grundfälle zu Art. 4 I, II GG	Jus 2006/07
Günther: Grundfälle zu Art. 9 GG	Jus 2006
Kobor: Grundfälle zu Art. 5 III GG	Jus 2006
Nolte: Grundfälle zu Art. 12 I GG	Jus 2006
Lembke: Grundfälle zu Art. 8 GG	Jus 2005
Durner: Grundfälle zum Staatshaftungsrecht	Jus 2005
Kment: Grundfälle zur Tenorierung im verwaltungsgerichtlichen Verfahren	Jus 2005
Tröger: Grundfälle zum Sachmangel nach dem neuen Kaufrecht	Jus 2005
Dumer: Grundfälle zu Art. 14 GG	Jus 2005
Rösler: Grundfälle zur Störung der Geschäftsgrundlage	Jus 2004/05
Langenbucher: Grundfälle zum Recht der GmbH	Jus 2004
Nolte: Grundfälle zu Art. 5 I 1 GG	Jus 2004

Kettner: Grundfälle zur EU-Warenverkehrsfreiheit	Jus 2004
Reischl: Grundfälle zum neuen Schuldrecht	JuS 2003
Haus/Cole: Grundfälle zum Europarecht	JuS 2002/03
Geis/Hinterseh: Grundfälle zum Widerspruchsverfahren	JuS 2001
Leible/Sosnitza: Grundfälle zum Eigentumsvorbehalt	JuS 2001
Michael: Grundfälle zur Verhältnismäßigkeit	JuS 2001
Ahcin/Armbrüster: Grundfälle zum Zessionsrecht	JuS 2000
Nolte/Niestedt: Grundfälle zur Rechtsnachfolge im Öffentlichen Recht	JuS 2000
Wolff: Grundfälle zur Gesamtstrafe	JuS 1999
Rath: Grundfälle zum Versuch	JuS 1999
Kudlich: Grundfälle zum Rücktritt vom Versuch	JuS 1999
Martinek/Theobald: Grundfälle zur GoA	JuS 1997/98
Reischl: Grundfälle zu den Grundpfandrechten	JuS 1998
Hipp/Hufeld: Grundfälle zur Klagebefugnis im Verwaltungsprozess	JuS 1998
Huber: Neues Insolvenzrecht Eine Einführung mit Fallbeispielen	JuS 1998
Baetge: Grundfälle zum IPR	JuS 1997/1998
Roth: Grundfälle zum EBV	JuS 1997
Mitsch: Grundfälle zu den Tötungsdelikten	JuS 1996
Hilgendorf: Grundfälle zum Computerstrafrecht	JuS 1996
Schoch: Grundfälle zum Polizeirecht	JuS 1994/95

–   Ein schier unerschöpflicher Fundus an Examensklausuren finden Sie in den Ausbildungszeitschriften **JuS/Jura/JA**. Auch ältere Jahrgänge sind zu empfehlen, wenn es um Klassiker geht. Von den teilweise zu ausführlichen Lösungen der JuS (die eher an Monographien erinnern) nicht abschrecken lassen. Prägnanter sind meist die Klausurlösungen in der JA. Für das öffentliche Recht empfehlenswert sind auch die Verwaltungsblätter (Baden-Württemberg, Bayern, etc.)

–   Wer auf die berühmt-berüchtigte **aktuelle Rechtsprechung** nicht verzichten möchte, findet sie hervorragend aufgearbeitet in den blauen Jura-Rechtsprechungskarteien. Die Fälle werden auf minimalem

Raum komplett durchgelöst. Etwas ausführlicher ist die A/S-Recht-sprechungsübersicht bzw. die JuS.

2. Literatur für das Erste Staatsexamen

2.1.1 Was Sie auf jeden Fall benötigen (Zivilrecht)

223 – **Kropholler, Jan: Studienkommentar BGB**, 9. Auflage 2007. *Kommentar:* Ein echtes Muss! Wer dieses Buch nicht kauft, ist selbst schuld. Kurz gefasst steht hier für unter 30 EUR fast alles drin, was man wissen muss, und nichts, was man nicht wissen muss. Sollte ab sofort zum ständigen Begleiter werden. »Zerlesen« Sie dieses Buch, in dem Sie es immer wieder zur Hand nehmen, um nachzuschlagen und zu wiederholen.

– **Schulze/Dörner/Ebert: Handkommentar BGB**, 5. Auflage 2006. *Kommentar:* Der »große Bruder« des Kropholler. Im Gegensatz zu dem eher für Praktiker geschriebenen Palandt mit vorbildlicher Sammlung von Rechtsprechungsdetails ein Kommentar, der Schwerpunkte auf Verständnis, Zusammenhang und Grundwissen setzt. Sollte in der AG wenigstens 1 x vorhanden sein.

– **Diederichsen/Wagner: Die BGB-Klausur**, 9. Auflage 1998. *Kommentar:* Anspruchsvolles Methodenlehrbuch mit vielen Beispielen (Klausurtechnik, wie löse ich einen Zivilrechtsfall). Viele Beispielsfälle und Ausschnitte aus Examensklausuren. Kompakte Zusammenfassung & Wiederholung des Kernstoffes im Zivilrecht. Neuauflage in Vorbereitung

– **Wesel, Uwe, Alles was Recht ist – Jura für Nichtjuristen.** *Kommentar:* Hervorragend für die juristische Allgemeinbildung, zur Entspannung und Wahrung der notwendigen kritischen Distanz zum Fach. Unterhaltsam dazu.

2.1.2 Was Sie auf jeden Fall benötigen (Strafrecht)

– **Joecks, Wolfgang: Studienkommentar StGB,** 6. Auflage 2005. *Kommentar*: Gleiche Aufmachung wie Kropholler, gehört auch in jeden Bücherschrank

– **Kindhäuser, Urs: Lehr- und Praxiskommentar StGB,** 1. Auflage 2002.

– **Joecks, Wolfgang: Studienkommentar StPO,** 1. Auflage 2006.

2.1.3 Was sie auf jeden Fall benötigen (Öffentliches Recht)

– **Schoch, Friedrich. Übung im Öffentlichen Recht II,** 2. Auflage 2007. *Kommentar:* Sehr zu empfehlen, da juristische Dauerbrenner in mustergültiger Weise (manchmal etwas ausführlich) gelöst werden. Erstmals seit 1992 umfassend überarbeitet und aktualisiert.

– **Schoch, Friedrich: Übungen im Öffentlichen Recht I** (Staatsorganisationsrecht und Grundrechte), 2. Auflage 2007.

– **Schwerdtfeger, Gunther: Öffentliches Recht in der Fallbearbeitung,** 12. Auflage 2004. *Kommentar:* Prägnante Darstellung des Stoffes im Öffentlichen Recht. Viele Beispielsfälle, Klausurtechnik. Stellt typische Fehler dar.

– **Wolf/Decker:** Studienkommentar VwGO/VwfG. *Kommentar:* Orientiert sich am bewährten Konzept von Kropholler und sollte ebenfalls in keinem Bücherschrank fehlen.

2.1.4 Was Sie allgemein lesen können (Methodik und Projektmanagement)

– **Schmalz, Dieter: Methodenlehre für das juristische Studium,** 4. Auflage 1999. *Kommentar:* Eines der kürzesten brauchbaren Bücher zur Methodenlehre

– **Kallert u.a.: Das erfolgreiche Jurastudium. Eine praktische Anleitung,** 1998. *Kommentar:* Ausführlich zum Examen mit und ohne Repetitor und zur Vorbereitung in der privaten AG.

– **Hilligardt/Lange: Jurastudium erfolgreich. Planung. Lernstrategie. Zeitmanagement,** 4. Auflage 2002. *Kommentar:* Sehr ausführliches Buch. Viel zur privaten AG (Kapitel 10). Sehr gut (Kapitel 6): Wie erarbeite ich mir ein bestimmtes Rechtsgebiet. Pflichtlektüre!!

– **Christian Grüning, Garantiert erfolgreich lernen**. Über die Fähigkeit, Ihre Lese- und Lernfähigkeit zu steigern. 2. Auflage 2006. Mit vielen Tipps und Methoden durchaus lesenswert; verzetteln Sie sich aber bitte nicht.

– **Litke/Kunow, Projektmanagement. Einfach! Praktisch!** 5. Auflage 2006. Der Versuch, ein komplexes Thema kurz und anschaulich aufzubereiten. Für den interessierten Leser als Einstig nicht schlecht. Geht allerdings deutlich über das hinaus, was Sie für die Examensvorbereitung benötigen. Daher keine Top-Empfehlung nur für Ihr Projekt »Examensvorbereitung«.

2.1.5 Die einzelnen Rechtgebiete

224 BGB Allgemeiner Teil

Grundlagen	**Brox, Hans:** Allgemeiner Teil des Bürgerlichen Gesetzbuchs, 30. Auflage 2006
	Musielak, Hans-Joachim: Grundkurs BGB, 9. Auflage 2005
Vertiefung	**Larenz/Wolf:** Allgemeiner Teil des Bürgerlichen Rechts, 9. Auflage 2004
Fallsammlung	**Alpmann/Schmidt** oder Fälle/Übungsklausuren aus **Musielak**

BGB Schuldrecht

Grundlagen	**Brox/Walker:** Allgemeines Schuldrecht, 31. Auflage 2006
	Brox/Walker: Besonderes Schuldrecht, 31. Auflage 2006
	Musielak, Hans-Joachim: Grundkurs BGB, 9. Auflage 2005
Vertiefung	**Medicus, Dieter:** Allgemeines/Besonderes Schuldrecht, 14./11. Auflage 2002/2003
Fallsammlung	**Kornblum, Udo:** Fälle zum Allgemeinen Schuldrecht, 6. A. 2005
	Wieling/Finkenauer: Fälle zum Besonderen Schuldrecht, 6. Auflage 2007
	Medicus, Dieter: Gesetzliche Schuldverhältnisse, 5. A. 2007. **Kommentar:** *Erklärt anhand von Fällen kurz und knapp Unerlaubte Handlungen, GoA und Bereicherungsrecht. Zur Einführung und Wiederholung sehr gut geeignet.*

BGB Mobiliarsachenrecht/Immobiliarsachenrecht

Grundlagen	**Gerhardt, Walter:** Mobiliarsachenrecht und Immobiliarsachenrecht, 5. Auflage 2000 ***Kommentar:*** *Ein absoluter Geheimtipp. Das Buch ist zwar für Anfangssemester konzipiert, der Stoff ist aber auch für das Examen hinreichend umfassend.*
Vertiefung	**Schwab/Prütting:** Sachenrecht, 32. Auflage 2006

Fallsamm-lung	Lange/Scheyhing/Schiemann: Fälle zum Sachenrecht, 5. Auflage 2002 Alpmann/Schmidt bzw. Fälle aus Gerhardt

BGB Familienrecht

Grundlagen	Alpmann/Schmidt: Familienrecht, 2007
Vertiefung	Lipp, Martin: Examensrepetitorium Familienrecht, 2. Auflage 2005
Fallsamm-lung	Roth, Andreas: Fallsammlung zum Familien- und Erbrecht, 4. Auflage 2006. *Kommentar: Anspruchsvolle Fallsammlung, mit der man die examensrelevanten Fragen dieser beiden Rechtsgebiete komplett abdecken kann.*

BGB Erbrecht

Grundlagen	Leipold, Dieter: Erbrecht, 16. Auflage 2004
Vertiefung	Frank, Rainer: Erbrecht, 3. Auflage 2007
Fallsamm-lung	Roth, Andreas: Fallsammlung zum Familien- und Erbrecht, 4. Auflage 2006. *Kommentar: Anspruchsvolle Fallsammlung, mit der man diese examensrelevanten Fragen der beiden Rechtsgebiete komplett abdecken kann.*

Gesellschaftsrecht

Grundlagen	Schwabe/Pelzer, Handels- und Gesellschaftsrecht, 1. Auflage 2006
Vertiefung	Hüffer, Uwe: Gesellschaftsrecht, 6. Auflage 2003
Fallsamm-lung	Alpmann/Schmidt: Gesellschaftsrecht Timm/Schöne: Fälle zum Handels- und Gesellschaftsrecht, 6. Auflage 2006

Handelsrecht

Grundlagen	Jung, Peter: Handelsrecht, 5. Auflage 2006
Vertiefung	Schmidt, Karsten: Handelsrecht, 5. Auflage 1999
Fallsamm-lung	Timm/Schöne: Fälle zum Handels- und Gesellschaftsrecht, 6. Auflage 2006

Arbeitsrecht

Grundlagen	**Brox/Rüthers:** Arbeitsrecht, 15. Auflage 2002
Vertiefung	**Rolfs:** Studienkommentar Arbeitsrecht, 1. Auflage 2007
Fallsamm-lung	**Oetker, Hartmut:** 30 Klausuren aus dem Arbeitsrecht Individualarbeits recht, 5. Auflage 1998

Zivilprozessrecht (ZPO)

Grundlagen	**Musielak, Hans-Joachim:** Grundkurs ZPO, 8 Auflage 2005
Vertiefung	**Knöringer, Dieter:** Die Assessorklausur im Zivilprozess, 11 Auflage 2005
Fallsamm-lung	**Zimmermann, Walter:** Fallrepetitorium zur ZPO, 5 Auflage 2005 **Kommentar:** Deckt mit kleinen Fällen verschiedener Schwierigkeits-grade die gesamte ZPO ab. Fälle für Studenten sind mit einem oder zwei Sternen markiert.

Internationales Privatrecht (IPR)

Grundlagen	**Hebert, Philipp:** Fallbearbeitung und Qualifikationsprobleme im IPR, JuS 2000, 255 **Baetge:** Grundfällreihe zum IPR, JuS 1996, 600ff. und Durner: Grund-fälle zum Staatshaftungsrecht JuS 2005
Vertiefung	**Kropholler, Jan:** Internationales Privatrecht, 6 Auflage 2006
Fallsamm-lung	**Baetge:** Grundfällreihe zum IPR, JuS 1996, 600ff. *Kommentar: Deckt wirklich alles ab, was man zum IPR im 1. Staatsexamen wissen muss.*

Verwaltungsrecht Allgemeiner Teil

Grundlagen	**Detterbeck, Steffen:** Allgemeines Verwaltungsrecht und Verwaltungs-prozessrecht, 4. Auflage 2006
Vertiefung	**Maurer, Hartmut:** Allgemeines Verwaltungsrecht, 16. Auflage 2006
Fallsamm-lung	**Becker, Joachim:** Fälle und Lösungen zum Verwaltungsrecht, 2002 **Schmidt-Jortzig/Ipsen/Heyen:** 40 Klausuren aus dem Verwaltungsrecht, 8. Auflage 2005

Grundrechte und Verfassungsprozessrecht

Grundlagen	**Alpmann/Schmidt:** Grundrechte, 2007
Vertiefung	**Pieroth/Schlink:** Grundrechte Staatsrecht II, 22. Auflage 2006
Fallsammlung	**Grote/Kraus:** Fälle zu den Grundrechten, 3. Auflage 2007 **Degenhart, Christoph:** Klausurenkurs im Staatsrecht, 3. Auflage 2005

Staatsorganisationsrecht

Grundlagen	**Ipsen, Jörn:** Staatsrecht I, 13. Auflage 2001
Vertiefung	**Degenhart, Christoph:** Staatsorganisationsrecht, 22. Auflage 2006
Fallsammlung	**Kisker/Höfling:** Fälle zum Staatsorganisationsrecht. 3. Auflage 2001. *Kommentar: Anspruchsvolle Fälle auf Examensniveau* **Degenhart, Christoph:** Klausurenkurs im Staatsrecht, 3. Auflage 2005

Baurecht

Grundlagen	**Dürr, Hansjochen:** Baurecht, 11. Auflage 2004. *Kommentar: Existiert für mehrere Bundesländer* **Stollmann, Frank:** Öffentliches Baurecht, 3. Aufalge 2005
Vertiefung	**Finkelnburg/Ortloff:** Bauordnungsrecht, Bauplanungsrecht, 5. Auflage 2006
Fallsammlung	**Gubelt:** Fälle zum Bau- und Raumordnungsrecht, 6. Auflage 2007 **Förster/Sander:** Fälle zum Besonderen Verwaltungsrecht, 3. Auflage 2006

Polizeirecht

Grundlagen	**Schoch, Friedrich:** Grundfälle zum Polizeirecht, JuS 1994/1995
Vertiefung	**Würtenberger/Heckmann/Riggert:** Polizeirecht in Baden-Württemberg, 6. Auflage 2006
Fallsammlung	**Förster/Sander:** Fälle zum Besonderen Verwaltungsrecht, 3. Auflage 2006

Kommunalrecht

Grundlagen	Reichert/Baumann: Kommunalrecht, 2. Auflage 2000
Vertiefung	Gern, Alfons: Deutsches Kommunalrecht, 4. Auflage 2005
Fallsamm-lung	Förster/Sander: Fälle zum Besonderen Verwaltungsrecht, 3. Auflage 2006 Stein, Volker: Fälle und Erläuterungen zum Kommunalrecht, 1. Auflage 2001

Verwaltungsprozessrecht (VwGO)

Grundlagen	a) Gersdorf, Hubertus: Verwaltungsprozessrecht, 3. Auflage 2006 (Jurathek Grundversorgung). *Kommentar: Ausgezeichnetes Buch, das alle examensrelevanten Probleme des Verwaltungsprozesses mustergültig aufbereitet* b) Alpmann Schmidt: VwGO, 2006
Vertiefung	a) Hufen, Friedhelm: Verwaltungsprozessrecht, 6. Auflage 2005 b) Bosch/Schmidt: Praktische Einführung in das verwaltungsgerichtliche Verfahren, 7. Auflage 2001
Fallsamm-lung	Alpmann Schmidt: VwGO

Staatshaftungsrecht

Grundlagen	Maurer, Hartmut: Verwaltungsrecht Allgemeiner Teil, 16. Auflage 2006
Vertiefung	Schmalz, Dieter: Staatshaftungsrecht; 38 Fälle und Lösungen innerhalb einer systematischen Darstellung, 1. Auflage 2000
Fallsamm-lung	Schmalz, Dieter: Staatshaftungsrecht; 38 Fälle und Lösungen innerhalb einer systematischen Darstellung, 1. Auflage 2000

Europarecht

Grundlagen	Hemmer/Wüst/Hutka: Europarecht, 9. Auflage 2006 (Rep-Hemmer)
Vertiefung	Oppermann, Thomas: Europarecht, 3. Auflage 2006
Fallsamm-lung	Weber/Gas: Fälle zum Europarecht, 2. Auflage 2003 (JuS-Schriften-reihe)

Strafrecht Allgemeiner Teil

Grundlagen	**Haft, Fritjof:** Strafrecht AT, 9. Auflage 2004 *Kommentar: Von den einen gehasst, von den anderen vergöttert. Zur alleinigen Examensvorbereitung sicherlich zu wenig. Hafts Methode hilft aber gut gegen den unübersichtlichen Dschungel bei Wessels & Co. Als Gliederung und Kurzzusammenfassung neben einem größeren Lehrbuch hervorragend geeignet* **Marxen, Klaus:** Kompaktkurs Strafrecht AT, 2003 **Krey, Volker:** Deutsches Strafrecht Allgemeiner Teil I, II, 2002/2004
Vertiefung	**Kühl, Kristian:** Strafrecht Allgemeiner Teil, 5. Auflage 2005
Fallsammlung	**Rudolphi:** Fälle zum Strafrecht, Allgemeiner Teil, 5. Auflage 2000. *Kommentar: Sehr anspruchsvolle Fälle auf Examensniveau und darüber. Für Klausurtraining sehr gut brauchbar, da ausführlich gelöst. Für AG-Stunde oft zu lang. Aber immer einmal nachschauen, ob etwas zum Thema vorhanden ist.*

Strafrecht Besonderer Teil

Grundlagen	**Haft, Fritjof:** Strafrecht BT, 7. Auflage 1998 **Kommentar:** Von den einen gehasst, von den anderen vergöttert. Zur alleinigen Examensvorbereitung sicherlich zu wenig. Hafts Methode hilft aber gut gegen den unübersichtlichen Dschungel bei Wessels & Co. Als Gliederung und Kurzzusammenfassung neben einem größeren Lehrbuch hervorragend geeignet **Rengier, Rudolf:** Strafrecht Besonderer Teil I, II, 6./7. Auflage 2007
Vertiefung	**Krey/Heylmann:** Strafrecht Besonderer Teil Band 1/2. 14./14. Auflage 2002/2005. *Kommentar: Lehrbuch, das anhand von Fällen aufgebaut ist. Die Fälle sind gut für die AG einsetzbar.*
Fallsammlung	**Wagner:** Fälle zum Strafrecht, Besonderer Teil, 3. Auflage 1998. *Kommentar: Gleiche Aufmachung wie Rudolphi.*

Strafprozessrecht (StPO)

Grundlagen	**Murmann/Grassmann:** Die strafprozessuale Zusatzfrage im Ersten Juristischen Staatsexamen, Beilage zu JuS Heft 3/2001
Vertiefung	**Beulke, Werner:** Strafprozessrecht, 9. Auflage 2006
Fallsammlung	**Beulke, Werner:** Strafprozessrecht, 9. Auflage 2006 *Kommentar: Mit ca. 70 kleinen Fällen deckt Beulke alles ab, was Sie für das Erste Examen zur StPO wissen müssen.*

3. Literatur für das Zweite Staatsexamen

225 Soweit keine besonderen Angaben zu bestimmten Fachgebieten gemacht werden, gelten die Angaben für das Erste Staatsexamen.

3.1.1 Was Sie auf jeden Fall benötigen (Zivilrecht)

- **Knöringer, Dieter**: Die Assessorklausur im Zivilprozess, 11. Auflage 2005
- **Böhme/Fleck/Bayerlein:** Formularsammlung für Rechtsprechung und Verwaltung, 17. Auflage 2006
- **Deubner, Karl:** Aktuelles Zivilprozessrecht (Fortsetzungsartikel in JuS)
- **Wallisch/Spinner:** Die Tenorierung zivil- und arbeitsgerichtlicher Entscheidungen – Eine Übung für Rechtsreferendare, JuS 2000, 64 ff., 377 ff.; JuS 2006, 883
- **Hecker/Temmen:** Die zivilrechtliche Anwaltsklausur im Zweiten juristischen Staatsexamen, JuS 2000, 688ff, 693 ff., 894 ff.
- Examensklausuren: **Schmitz, Gunther:** Zivilrechtliche Musterklausuren für die Assessorprüfung, 5. Auflage 2006
- **Raiser/Schmidt/Bultmann:** Anwaltsklausuren, 1. Auflage 2003. **Kommentar:** Beschäftigt sich mit den geänderten Anforderungen an die Examensklausuren durch die Reform der Juristenausbildung

3.1.2 Was Sie auf jeden Fall benötigen (Strafrecht)

- **Schmehl/Vollmer:** Die Assessorklausur im Strafprozess, 8. Auflage 2005
- **Böhme/Fleck/Bayerlein:** Formularsammlung für Rechtsprechung und Verwaltung, 17. Auflage 2006
- **Mansdörver/Timmerbeil:** Grundfälle zur Tenorierung strafrechtlicher Entscheidungen, JuS 2001, 1102 ff, 1209 ff.
- **Müller-Christmann, Bernd:** Aktuelles Strafprozessrecht (Fortsetzungsartikel in JuS)
- **Rabe von Kühlewein, Malte:** Das so genannte B-Gutachten in der staatsanwaltlichen Assessorklausur, JuS 2002, 271
- **Wolters/Gubitz:** Die staatsanwaltliche Abschlussverfügung in der Assessorklausur, JuS 1999, 378
- **Schmitz/Hüßtege:** Strafrechtliche Musterklausuren für die Assessorprüfung, 4. Auflage 2000

- **Meyer-Mews:** Beweisverwertungsverbote im Strafverfahren, JuS 2004, 126
- **Wolteers:** Die Revision in der strafrechtlichen Assessorklausur, JuS 2004, 584, 684

3.1.3 Was Sie auf jeden Fall benötigen (Öffentliches Recht)

- **Bosch/Schmidt,** Praktische Einführung in das verwaltungsgerichtliche Verfahren, 8. Auflage 2004
  Jacobs, Peter: Zur Tenorierung verwaltungsgerichtlicher Entscheidungen, VBlBW. 1995, 35ff., 72 ff.
  Kment: Grundfälle zur Tenorierung im verwaltungsgerichtlichen Verfahren, JuS 2005, 420 ff.; 517 ff.; 608 ff.
- **Schübel-Pfister:** Aktuelles Verwaltungsrecht (Fortsetzungsreihe in der JuS)
- **Schmidt, Jörg:** Ausgewählte Assessorklausuren im öffentlichen Recht, 2. Auflage 2006

3.1.4 Was Sie allgemein lesen können (Methodik und Projektmanagement)

Über die unter 2.1.4 genannten Bücher hinaus vielleicht noch:

- **Covey, Stephan R., Die 7 Wege zur Effektivität. Prinzipien für persönlichen und beruflichen Erfolg,** 4. Auflage 2005. Ein typisch amerikanischer Bestseller, der manchmal etwas banal daher kommt, es aber unter die wichtigsten Managementklassiker geschafft hat. Nicht zu Unrecht, da Covey hervorragend auf die Anforderungen im Beruf vorbereitet – und zwar gleich welcher Disziplin.

3.1.5 Die einzelnen Rechtsgebiete

Zivilprozessordnung (ZPO)   **226**

Grundlagen	**Musielak, Hans-Joachim:** Grundkurs ZPO, 8. Auflage 2005
	Kommentar: Im Grundkurs ZPO von Musielak finden sich fast 150 kleine Fälle zur ZPO. Von der Tiefe her auf jeden Fall vor Knöringer zu empfehlen.
	Mürbe/Geiger/Wenz: Die Anwaltsklausur in der Assessorprüfung, 5. Auflage 2004

Vertiefung	**Knöringer, Dieter**: Die Assessorklausur im Zivilprozess, 11. Auflage 2005
Fallsamm-lung	**Schmitz, Gunther:** Zivilrechtliche Musterklausuren für die Assessorprü-fung, 5. Auflage 2006

Zwangsvollstreckungs-/Insolvenzrecht

Grundlagen	**Musielak, Hans-Joachim:** Grundkurs ZPO, 8. Auflage 2005
Vertiefung	**Lackmann, Rolf:** Zwangsvollstreckungsrecht mit Grundzügen des Insol-venzrechts, 7. Auflage 2005
Fallsamm-lung	**Lackmann, Rolf:** Zwangsvollstreckungsrecht mit Grundzügen des Insol-venzrechts, 7. Auflage 2005 *Kommentar: Enthält 4 Examensklausuren zum Zwangsvollstreckungsrecht* **Lackmann, Rolf:** Die Klausur im Zwangsvollstreckungsrecht. Mit Insol-venzrecht, 2. Auflage 2005

Familienrecht

Grundlagen	**Lipp, Martin:** Examensrepetitorium Familienrecht, 2. Auflage 2005
Vertiefung	**von Heintschel-Heinegg/Gerhardt:** Materielles Scheidungsrecht, 8. Auflage 2006. *Kommentar: Hartes Brot, da jede zweite Zeile mit (siehe BGH FamRZ ....) abschließt. Sollte Familienrecht aber in vollem Umfang in Ihrem Bundesland Prüfungsstoff sein, kommen Sie um diesen Schinken wohl nicht herum. Die Autoren können schließlich auch nichts dafür, dass Familienrecht in so weitem Umfang Richterrecht ist.* **von Heintschel-Heinegg:** Das Verfahren in Familiensachen, 8. Auflage 2006
Fallsamm-lung	**von Heintschel-Heinegg/Gerhardt:** Assessorklausuren im Familien-recht, 5. Auflage 2005

Erbrecht

Grundlagen	**Leipold, Dieter:** Erbrecht, 16. Auflage 20024
Vertiefung	**Krug, Walter:** Erbrecht, 3. Auflage 2002 (Examenskurs für Referendare)
Fallsamm-lung	**Roth, Andreas: Fallsammlung zum Familien- und Erbrecht, 4. Auf-lage 2006.** *Kommentar: Anspruchsvolle Fallsammlung, mit der man die examensre-levanten Fragen dieser beiden Rechtsgebiete komplett abdecken kann.*

Verwaltungsprozessrecht

Grundlagen	a) **Gersdorf, Hubertus:** Verwaltungsprozessrecht, 3. Auflage 2006 (Jurathek Grundversorgung) *Kommentar: Ausgezeichnetes Buch, das alle examensrelevanten Probleme des Verwaltungsprozesses auch für das 2. Examen mustergültig aufbereitet* b) **Alpmann Schmidt:** VwGO, 2006
Vertiefung	a) **Hufen, Friedhelm:** Verwaltungsprozessrecht, 6. Auflage 2005 b) **Bosch/Schmidt:** Praktische Einführung in das verwaltungsgerichtliche Verfahren, 8. Auflage 2004
Fallsammlung	**Alpmann Schmidt:** VwGO, 2006

Straßenrecht

Grundlagen	**Alpmann/Schmidt:** Besonderes Ordnungsrecht, 4. Auflage 2004
Vertiefung	**Schnebelt/Sigel:** Straßenrecht, 2. Auflage 2004
Fallsammlung	**Schnebelt/Sigel:** Straßenrecht, 2. Auflage 2004

Umweltrecht

Grundlagen	**Kotulla,** Umweltrecht. Grundstrukturen und Fälle, 3. Auflage 2006
Vertiefung	**Schmidt:** Umweltrecht, 7. Auflage 2006
Fallsammlung	**Kotulla,** Umweltrecht. Grundstrukturen und Fälle, 3. Auflage 2006

Strafprozessrecht

Grundlagen	**Murmann/Grassmann:** Die strafprozessuale Zusatzfrage im Ersten Juristischen Staatsexamen, Beilage zu JuS Heft 3/2001 **Beulke, Werner:** Strafprozessrecht, 9. Auflage 2006 **Kommentar:** Gerade im wichtigen Bereich der Beweisverwertungsverbote gibt Beulke immer noch den besten und kompaktesten Überblick. Bevor Sie sich an den schwer lesbaren Schmehl/Vollmer ranmachen, sollten Sie Beulke durcharbeiten.

Vertiefung	**Mutzbauer, Norbert:** Strafprozessuale Revision, 6. Auflage 2006
	Schmehl/Vollmer: Die Assessorklausur im Strafprozess, 8. Auflage 2005 *Kommentar: Zwar manchmal etwas unglücklich geschrieben, an dem Buch werden Sie trotzdem nicht vorbeikommen. Es gibt schlicht nichts anderes.*
Fallsamm-lung	**Schmitz/Hüßtege:** Strafrechtliche Musterklausuren für die Assessorprü-fung, 5. Auflage 2005

Anhang 4:
Checklisten und Lösungen

Die einzelnen Projektphasen der Examensvorbereitung:

Die Checklisten zum Abarbeiten und Ergänzen

Checkliste I für die Vorlaufphase
227

Aufgabe	Steht wo?
❑ Examenstermine und jeweiligen Anmeldeschluss beim Prüfungsamt erfragen	
❑ Meinen Examenstermin festlegen	Rn. 9
❑ Freiwochen festlegen	Rn. 58
❑ Festlegung der einzelnen Projekt-Phasen	Rn. 60
❑ Ziele festlegen (Notenkorridor, Zeitaufwand)	Rn. 60
❑ Methodenentscheidung treffen	Rn. 18
❑ Probe-AG in einem abgegrenzten Bereich abhalten	-
❑ AG-Partner auswählen	Rn. 50
❑ Vorläufigen AG-Leiter für die Planungsphase bestimmen	Rn. 50
❑ AG-Plan erstellen	Rn. 60
❑ »Lernen lernen«	Rn. 137
❑ Methodenlehre erarbeiten	Rn. 219
❑ Nach Probe-AG Feedback durchführen	Rn. 117
❑ AG-Vertrag schließen	Rn. 57
❑ »Lieblingsarbeitsplatz« finden	Rn. 158
❑	
❑	

228   Checkliste II für die Lern- und Wiederholungsphase

Aufgabe	Steht wo?
❏ Regelmäßige Feedbacks veranstalten	Rn. 117
❏ Wiederholungsphasen festlegen	Rn. 58
❏ Regelmäßiges Controlling: Klausurenkurs	Rn. 95
❏ Regelmäßiges Controlling: Stoffplan	Rn. 95
❏	
❏	

229   Checkliste III für die Wiederholungs- und Anwendungsphase

Aufgabe	Steht wo?
❏ Wiederholungseinheiten intensivieren	-
❏ Aktuelle Rechtsprechung aufarbeiten	Rn. 210
❏ Alte Klausuren auf Fehler durchsehen	-
❏ Planung des Wahl-/Vertiefungsfaches für die Zeit nach dem schriftlichen Examen (wenn nicht Teil der schriftlichen Prüfung)	-
❏ Gesetzestexte auf den verlangten Stand bringen	-
❏	
❏	

230   Checkliste IV für die Regenerationsphase

Aufgabe	Steht wo?
❏ Nur noch Grundstrukturen wiederholen	-
❏ Examenswochen planen	-
❏ Lebensmittel einkaufen	-
❏ Alle Hilfsmittel auf dem neuesten Stand? Welche Hilfsmittel brauche ich?	-
❏ Wo findet die Auslosung statt?	-
❏ Wie komme ich zum Prüfungsraum?	-
❏	
❏	

Lösungen

Lösung zu 1.4   231

Frage 1	
Antwort	Punkte
a)	0
b)	10
c)	5

Frage 2	
Antwort	Punkte
a)	5
b)	10
c)	0

Frage 3	
Antwort	Punkte
a)	5
b)	0
c)	10

Frage 4	
Antwort	Punkte
a)	5
b)	10
c)	0

Frage 5	
Antwort	Punkte
a)	10
b)	0
c)	5

Frage 6	
Antwort	Punkte
a)	10
b)	0
c)	5

0 – 20 Punkte	Überwiegend auditiver Lerntyp
20 – 40 Punkte	Überwiegend visueller Lerntyp
40 – 60 Punkte	Überwiegend kinästhetischer Lerntyp

Lösung zu 3.2.1: A 3, B 1, C 2, D 1, E 2   232

Stichwortverzeichnis

(Verweis auf Randnummern)